LUGAR DE MULHER É

E ONDE MAIS ELA QUISER

NINA JANKOWICZ

LUGAR DE MULHER É

E ONDE MAIS ELA QUISER

COMO IDENTIFICAR E ENFRENTAR
ASSÉDIOS E ATAQUES VIRTUAIS
E DAR O TROCO NOS HATERS

TRADUÇÃO DE
ROSANE ALBERT

APRESENTAÇÃO DE
PATRÍCIA CAMPOS MELLO

VESTÍGIO

Copyright © 2022 Nina Jankowicz

Título original: *How to Be a Woman Online: Surviving Abuse and Harassment, and How to Fight Back*

Todos os direitos reservados pela Editora Vestígio. Nenhuma parte desta publicação poderá ser reproduzida, seja por meios mecânicos, eletrônicos, seja via cópia xerográfica, sem a autorização prévia da Editora.

Esta edição é publicada mediante acordo com Bloomsbury Publishing Plc em conjunto com sua agente devidamente constituída Patricia Seibel Literary Agency.

Embora a autora tenha feito todo esforço para fornecer, com precisão, números de telefone, endereços de internet e outras informações de contato à época da publicação, nem a editora nem a autora assumem qualquer responsabilidade por erros ou mudanças que ocorram após a publicação. Além disso, a editora não tem controle nem assume qualquer responsabilidade pelo website da autora ou de terceiros, nem pelo seu conteúdo.

DIREÇÃO EDITORIAL
Arnaud Vin

CAPA
Adriana Brioso

EDIÇÃO
Bia Nunes de Sousa

ADAPTAÇÃO DE CAPA E PROJETO GRÁFICO
Diogo Droschi

PREPARAÇÃO DE TEXTO
Bruni Fernandes

DIAGRAMAÇÃO
Waldênia Alvarenga

REVISÃO
Julia Sousa

**Dados Internacionais de Catalogação na Publicação (CIP)
Câmara Brasileira do Livro, SP, Brasil**

Jankowicz, Nina
    Lugar de mulher é online e onde mais ela quiser : como identificar e enfrentar assédios e ataques virtuais e dar o troco no haters / Nina Jankowicz ; tradução Rosane Albert. -- São Paulo, SP : Vestígio, 2022.

    Título original: How to Be a Woman Online: Surviving Abuse and
           Harassment, and How to Fight Back

    ISBN 978-65-86551-91-4

    1. Assédio virtual 2. Cyberbullying 3. Internet - Aspectos sociais 4. Mídias digitais 5. Mulheres - Aspectos sociais 6. Sexismo 7. Tecnologias digitais I. Título.

22-124958
                                 CDD-004.678082

Índices para catálogo sistemático:
1. Mulheres e internet 004.678082

Eliete Marques da Silva - Bibliotecária - CRB-8/9380

A **VESTÍGIO** É UMA EDITORA DO **GRUPO AUTÊNTICA**

São Paulo
Av. Paulista, 2.073 . Conjunto Nacional
Horsa I . 23º andar . Conj. 2310-2312
Cerqueira César . 01311-940 São Paulo . SP
Tel.: (55 11) 3034 4468

Belo Horizonte
Rua Carlos Turner, 420
Silveira . 31140-520
Belo Horizonte . MG
Tel.: (55 31) 3465 4500

www.editoravestigio.com.br
SAC: atendimentoleitor@grupoautentica.com.br

*A minha mãe e meu pai, por me terem dado
autoconfiança e coragem para me vestir como a
princesa-passarinho e dar bicadas nos meninos irritantes
no desfile de Halloween do primeiro grau.*

Apresentação	9
Prefácio à edição brasileira	15
Introdução	23
1. Segurança: Como se proteger online	43
2. Adversidade: Como enfrentar os trolls	69
3. Política: Faça isso funcionar para você	95
4. Comunidade: Cultive um círculo de solidariedade	119
5. Tenacidade: Fale abertamente e reaja	139
Para saber mais	149
Ferramentas	151
Agradecimentos	157
Notas	161

APRESENTAÇÃO*

DURANTE MUITOS ANOS, tive um pesadelo recorrente. Eu me dava conta de que estava nua no meio de uma multidão de pessoas vestidas. Elas me olhavam horrorizadas. Eu sentia uma vergonha tão grande que me queimava o rosto. Queria sair correndo, procurava minha roupa, tentava me cobrir com as mãos. Acordava assustada.

Um dia, esse pesadelo virou realidade – nas redes sociais.

Eram centenas de memes. Um deles tinha a imagem de uma mulher pelada, de pernas abertas, em cima de uma pilha de notas de dólares, sendo chamada de piranha – o rosto da mulher era o meu. Tinham feito uma montagem. Em outro, puseram uma foto minha, com a legenda: "Folha da Puta – tudo por um furo, você quer o meu? Patrícia, Prostituta da Folha de S.Paulo – troco sexo por informações

---

* Patrícia Campos Mello é jornalista. Foi correspondente em Washington do jornal *O Estado de S. Paulo* e atualmente é repórter especial e colunista da *Folha de S.Paulo*.

sobre Bolsonaro". Em um terceiro, outra foto minha, com a legenda: "Ofereço o cuzinho em troca de informação sobre o governo Bozo". Havia até um vídeo, uma montagem muito tosca, em que "eu" aparecia tentando seduzir uma fonte. Essas imagens estavam no Twitter, no Facebook, nos grupos de WhatsApp, no Instagram.

Passei a receber uma avalanche de mensagens e comentários horrorosos, com teor pornográfico: "Você tava querendo dar a buceta para ver o notebook do cara kkkkkkk então você chupa piroca por fontes?", dizia um usuário do Facebook.

O gatilho para essa onda de ofensas foram declarações misóginas de políticos, compartilhadas por eles em vídeos, tuítes, lives, posts. Um deles era o presidente da república, Jair Bolsonaro, que insinuou, ao vivo para milhões de pessoas, que eu oferecia sexo para conseguir informações exclusivas.

Esse vídeo viralizou.

Alguns dias antes, um dos filhos do presidente, o deputado Eduardo Bolsonaro, havia feito vídeos dizendo que eu tinha me insinuado sexualmente para uma fonte para tentar prejudicar o Bolsonaro. Compartilhou em todas as redes, inclusive no Twitter, onde ele tem 2,2 milhões de seguidores.

Isso tudo começou com um comentário machista de uma fonte de uma reportagem. Em um depoimento no Congresso, a fonte contou diversas mentiras, entre elas a de que eu teria tentado obter informação "a troco de sexo".

As declarações dele foram desmentidas de forma cabal, com provas concretas. As entrevistas com ele haviam sido gravadas, com a sua permissão; as fotos e a planilha que ele mandou tinham sido salvas, assim como todas as trocas de mensagens.

Mas nada disso importou. Nas redes sociais, uma mentira viaja muito mais rápido do que uma correção. E a internet se tornou um centro de assassinato de reputação de mulheres.

Não fui a primeira jornalista a sofrer esse tipo de ataque misógino online. Minhas colegas jornalistas Miriam Leitão, Vera Magalhães, Daniela Lima, Maju Coutinho são constantemente difamadas.

Só que essas agressões não se restringem a jornalistas, nem a pessoas públicas. Qualquer mulher que "ouse" expor suas opiniões nas redes sociais, publicar fotos ou vídeos, elogiar ou criticar, transforma-se em alvo.

Os ataques online contra as mulheres têm sempre um caráter misógino: dizem que são feias, gordas, velhas ou que usam sexo para subir na carreira; expõem seus filhos, maridos ou pais. Dificilmente há críticas sobre o trabalho da mulher ou discordância saudável sobre pontos de vista. Tem sempre a ver com a aparência, com estereótipos, com raça, com gênero. Tudo é ainda mais agressivo quando os ataques são voltados contra mulheres negras ou trans.

As redes sociais se tornaram um ambiente tóxico para todas as mulheres. E por isso este livro de Nina Jankowicz é tão importante.

Como todas nós, Nina sofreu assédio sexual online.

Não importa que ela seja uma pesquisadora respeitada, que tenha assessorado o governo ucraniano e trabalhado com programas de combate à desinformação no Departamento de Segurança Interna do governo dos Estados Unidos. Que seja autora de um elogiado livro sobre as estratégias de guerra de informação da Rússia.

Nas redes sociais, os homens se sentem autorizados a ofendê-la, comentar sobre sua aparência, especular sobre sua orientação sexual. Já criticaram seus seios, seu nariz, disseram que ela havia engordado. "Sua puta, largue esse emprego antes que a gente destrua sua vida", ameaçava uma das mensagens, depois do anúncio de que ela assumiria um novo cargo no governo.

O objetivo desses ataques é calar as vozes femininas, excluir as mulheres do debate público ao desqualificá-las. E esse tipo de ataque coordenado online atrapalha, de fato, nossa capacidade de fazer nosso trabalho.

Um tempo atrás, o então embaixador da China no Brasil, Yang Wanming, compartilhou no Twitter uma entrevista que eu tinha feito com ele. Em alguns minutos, havia dezenas de comentários no tuíte, coisas como: "Mais um furo anal da jornalista de credibilidade parcialmente carnal... com seus orifícios".

Foi a mesma coisa com o então embaixador americano, Todd Chapman. Ele tuitou uma entrevista que fizera com ele sobre a entrada da tecnologia 5G no Brasil, um tema geopolítico sensível que eu vinha acompanhando como jornalista. O embaixador me marcou na publicação. Em poucos minutos, o tuíte já tinha dezenas de comentários – muitos de contas recém-abertas, sem fotos. Diziam coisas como: "Embaixador, use duas camisinhas, uma por cima da outra, para falar com a jornalista".

Esse tipo de campanha de difamação visa a minar a credibilidade das mulheres e sua capacidade de desempenhar seu trabalho. Outras agressões têm o objetivo de amedrontar: "Começou, já já vão tomar o que merecem, uma bala no meio da testa. Esconde o furo aí, vadia", foi o comentário em uma reportagem que compartilhei no Twitter.

Lugar de mulher é online e onde mais ela quiser é um livro essencial para todas nós. A obra ajuda a nos prepararmos para enfrentar essa selva digital e não nos deixarmos intimidar.

O livro apresenta desde dicas práticas sobre cibersegurança – senhas, autenticação de dois fatores, proteção contra doxing – até um guia de procedimentos para lidar com agressores. Ensina como reagir a trolls, stalkers, identificar robôs, bloquear ou silenciar perfis, como responder (ou não) às ofensas e denunciar os ataques para as plataformas.

Não bata palma para maluco dançar – a versão brasileira de "não alimente os trolls", como ensina Nina. Eles são covardes, muitos deles usam identidades falsas e criam contas só para fazer xingamentos e memes. Não dê corda – mas, se necessário, denuncie o comportamento para que as plataformas de internet, nem sempre muito ágeis, tomem providências.

Os agressores digitais querem mandar uma mensagem – vejam o que acontece com as mulheres que investigam, que ousam expor suas opiniões, que têm uma visão de mundo própria, que ganham espaço na vida pública. Elas estão condenadas a reviver seu pesadelo, a serem expostas e vilipendiadas online. A ideia deles é fechar a praça pública digital, a internet, para a voz das mulheres, dos negros, das pessoas LGBTQIA+, das minorias religiosas. É tornar as redes sociais um local tão tóxico que chegue a expulsar essas minorias.

Isso não é liberdade de expressão. Isso é uma espécie de censura, censura por assassinato de reputação.

E este livro de Nina é um ótimo guia para planejarmos o nosso contra-ataque.

PREFÁCIO À EDIÇÃO BRASILEIRA

ESTE LIVRO FOI PUBLICADO em inglês no dia 22 de abril de 2022. Uma semana depois, me tornei alvo de uma campanha nacional de assédio. Talvez eu fosse a pessoa mais bem preparada do mundo para enfrentar esse abuso, mas ainda assim isso me abalou e deixou evidente o longo caminho a percorrer até atingir a igualdade online para mulheres e minorias.

Em março, com base nos anos que passei estudando a desinformação, as agressões online e seus efeitos, eu tinha começado a trabalhar liderando os esforços do Departamento de Segurança dos Estados Unidos para coordenar suas atividades contra a desinformação no infame Conselho de Governança da Desinformação, um grupo de trabalho interno que não dispunha de autoridade para aplicação da lei nem de orçamento ou equipe de tempo integral além de mim. No final de abril, o conselho e meu cargo foram anunciados em um comunicado lamentavelmente obscuro em uma newsletter enviada por e-mail de Washington. Em poucas horas, a falsa ideia de que o conselho era um

"Ministério da Verdade" orwelliano e eu a "censora-chefe do presidente Biden" circulava nas redes sociais, mesmo que o conselho não pudesse nem fizesse restrições ou mediações a manifestações; se fosse este o caso, eu não teria aceitado o trabalho.

Os fatos não importavam para aqueles que estavam usando o conselho e minha nomeação como um jogo político. Em poucos dias, minha vida pessoal, incluindo o fato de estar no terceiro trimestre de gravidez, tornou-se um assunto recorrente de intriga e especulação. Tornei-me a face pública, jovem, feminina e fácil de derrotar daquilo que Tucker Carlson estava imprudentemente alardeando como "homens armados lhe dizendo para calar a boca". Minha reputação profissional – que àquela altura tinha sido caracterizada por ambos os lados pelo trabalho bipartidário de análise cuidadosa e racional – foi minada. Minhas análises das abordagens de combate à desinformação que protegiam a segurança nacional e a liberdade de expressão enquanto asseguravam as vozes marginalizadas, como as de mulheres e pessoas negras, não foram silenciadas, foram ignoradas. Os congressistas republicanos e a mídia de direita me definiram como uma fascista desequilibrada, tendenciosa, insensata e perigosa. Recebi uma avalanche de abusos online. Minha família – inclusive meu filho ainda não nascido – foi ameaçada. Era difícil imaginar que um homem que estivesse na minha posição teria sido vítima de uma violência de gênero semelhante.

Poucas semanas depois, o departamento decidiu interromper as atividades do conselho. Em seguida, tomei a decisão de deixar uma organização e uma administração que não pareciam mais querer ou ser capazes de enfrentar mentiras daquelas proporções.

Durante minha permanência no cargo, fui impedida pela política de comunicação existente de defender a mim e a meu trabalho anterior quando estava sendo pessoalmente difamada. A maioria das soluções e dos mecanismos de defesa que detalho neste livro não estavam disponíveis para mim enquanto eu sofria um embargo da mídia. Foi como se estivesse sendo enterrada viva. As imagens que muitos estadunidenses passaram a ter de mim – como uma "grande irmã" diabólica, toda poderosa "czarina da desinformação" de Biden – não tinham nenhuma correspondência com a realidade, na qual eu era uma entre milhares de nomeados não confirmados pelo Senado com poucos poderes de decisão.

Mas as falsas narrativas da campanha voltada contra mim representavam um fenômeno maior dentro do discurso político. Membros do Congresso, críticos e trolls anônimos da internet, todos eles projetavam alegremente as próprias imagens falsas que tinham de mim e do trabalho que tinha sido contratada para fazer. Eles alimentaram o medo não só para marcar pontos políticos contra o "Ministério" inexistente, mas – como alguns admitiram explicitamente – para tentar me expulsar de vez da vida pública, fervendo com o desejo de vingança por eu ter aceitado um trabalho na minha área de expertise, tomados pela perspectiva empolgante de, usando seus teclados, arruinar uma mulher jovem.

Ainda mais deprimente foi verificar como foram poucas as pessoas que tiveram o cuidado de olhar atrás da cortina, ou seja, de examinar de verdade o registro público de reclamações contra mim ou o conselho. Na cultura

TL; DR* da internet, não esperam por informações mais fidedignas antes de tirar conclusões sensacionalistas. Não querem saber mais a respeito do assunto. As fontes em que confiavam tinham lhes dado a única informação que importava: que eu era a inimiga. A campanha contra mim é um mal endêmico na internet moderna. É uma experiência demasiado comum para mulheres que tenham a ousadia de se expressar online. E, se não nos dispusermos a construir uma experiência online melhor, as mulheres em todo o mundo serão silenciadas.

Congressistas republicanos ativamente me difamaram e me pintaram como uma pessoa mentalmente instável, encorajando seus eleitores a me perseguirem on e offline. Usaram minha presença online – um registro que era divertido e autêntico, em que compartilhava meus hobbies, como o teatro musical, ao lado da minha pesquisa acadêmica – para me retratar como uma garota fútil e tola ou, pior, como uma mulher insaciável e ávida por sexo. A congressista Lauren Boebert, do Colorado, fez um discurso na Câmara dos Representantes em que ela ampliou uma imagem minha pouco lisonjeira e a legendou com uma citação de um vídeo de uma canção que eu tinha interpretado no musical de um cabaré noturno anos antes. A legenda dizia "Com quem transei para ser famosa e poderosa?" e foi apresentada como se fossem palavras minhas, não da minha personagem. "Isso soa como as palavras de uma servidora pública para vocês?", ela perguntou, tomada de falsa incredulidade. E então enviou um e-mail de arrecadação de

---

* Abreviatura usada na internet para "*too long; didn't read*", que em português significa "muito longo; não li". [N. E.]

fundos baseado naquela difamação e na premissa tácita de que ela não sabe como as canções funcionam. Diante desse texto, continuo a receber mensagens não solicitadas sobre o vídeo. Os seguidores da Boebert preferiram acreditar que ele representa a motivação da minha carreira, em vez de ser apenas uma performance. O Senado – que deveria ser um corpo sério, deliberativo – engrossou as fileiras frenéticas. O senador John Neely Kennedy disse para a Fox News: "Tenho certeza de que Jesus a ama, mas todos os outros na Colina do Capitólio acham que ela é esquisita".

Os ataques que enfrentei do Congresso foram reforçados pela mídia de direita. Comentaristas criticavam abertamente minha idade, minha gravidez e meu intelecto. Todas as vezes que era mencionada na Fox News, eu recebia uma avalanche de conteúdos como os que se seguem, extraídos de tuítes, e-mails e mensagens diretas reais:

"Mal posso esperar pela abertura da fase violenta desta guerra para dar o pontapé inicial."

"Se enforque, sua vadia esquerdista."

"Só quero que ela morra."

"Nina Jankowicz está perpetuando mentiras e traição, ela vai pagar o preço."

"Você e sua família deviam ser enviados para a Rússia a fim de serem mortos lá."

"Se mate, saco de merda sub-humano."

"Ei, puta, saia do seu emprego antes que nós acabemos com a sua vida. Tudo aquilo com que já se importou vai ser tirado de você."

"Você não passa de uma louca mentirosa, e vai pagar um preço alto por isso, sua vagabunda estúpida."

"Você é uma piranha fodida. Posso sentir o cheiro da porra da sua desinformação daqui. Você é uma piada e estamos rindo de você neste exato momento, sua vaca palerma... Eu não foderia você com o pau do Biden. Por favor, suma e morra, vagabunda."

Os homens criticavam meus seios, meu queixo, meu nariz. Ampliaram fotos do meu rosto para destacar manchas na minha pele, comuns e inevitáveis durante a gravidez. Comentaram meu aumento de peso. Disseram que eu tinha a aparência de uma transexual. Diziam não saber como alguém teria querido me engravidar. Falaram que meus ovários estavam secos. Me chamaram de "vadia do presidente Biden".

O governo dos Estados Unidos não sabia como lidar nem com a campanha de desinformação contra seus esforços nem com a campanha de perseguição contra mim. Em vez de preparar uma resposta às inverdades e ao discurso de ódio, o departamento e a administração basicamente não se empenharam, emitindo um informe hesitante e colocando o secretário e o porta-voz da Casa Branca na defensiva dias depois do dilúvio começar. Mais adiante, o departamento cedeu às críticas infundadas, suspendeu o conselho e lançou uma "revisão" da sua missão. Ironicamente, eu tinha estudado e escrito sobre como a falta de transparência nos primeiros tempos dos esforços contra a desinformação poderia entravá-los já no seu início. Mas meu conselho sobre a mensagem que precisávamos difundir – proativamente revelando o trabalho anódino, até mesmo aborrecido, que se pretendia que o conselho fizesse – não foi atendido. Talvez a maior ironia tenha sido o lançamento deste livro uma semana antes de a campanha começar. Uma das recomendações dadas nestas páginas é que os empregadores se preparem para a inevitabilidade do fato de que seus funcionários serão atacados absurda e nocivamente online; e como eles reagirão? Assim como a administração de Biden não tinha um manual de instruções pronto para lidar com uma campanha de desinformação desenfreada, também não sabia como proteger aqueles que tinham sido por ela nomeados.

As implicações do abuso online contra mulheres – por parte de políticos e provocadores que o exploram, da mídia que o amplifica, dos cidadãos que se recusam a questioná-lo e do governo que não está preparado para lidar com ele – são assustadoras para a democracia. Isso significa que, vendo como as outras são tratadas, cada vez menos mulheres vão procurar ocupar posições públicas, fazer suas vozes serem ouvidas e ainda ser capazes de preparar o caminho para outras que queiram seguir seus passos. Um dos muitos efeitos desencorajadores da campanha contra mim é que não posso mais difundir o trabalho de colegas e amigas que admiro, para que não sejam submetidas ao mesmo assédio que venho enfrentando de muitos homens que ainda me espreitam, de olho nas minhas redes sociais, esperando para se lançar sobre qualquer coisa que eu postar.

Mais uma vez, estou longe de ser a única mulher a suportar uma campanha como essa e a ter sua vida materialmente alterada por ela. Estas páginas vão lhe apresentar a mulheres para quem esse tipo de abuso se tornou uma realidade, infelizmente, muito familiar para as mulheres brasileiras. Em 2021, tive a felicidade de participar de um evento no Dia Internacional da Mulher com muitas jornalistas brasileiras. Fiquei nauseada pelo abuso de cunho sexual que elas tinham sofrido em consequência do trabalho que fizeram conduzindo investigações e falando a verdade sobre os poderosos, mas, fiquei impressionada pela coragem delas e inspirada pelo senso de comunidade e camaradagem que construímos naquele breve encontro virtual.

Eventos como esses e o companheirismo a que dão margem foram as únicas coisas que me permitiram conservar o otimismo durante os ataques. Me fizeram saber que se me calasse estaria cedendo terreno àqueles que me perseguiam, que estaria abandonando bravas mulheres brasileiras, georgianas, ucranianas, australianas e filipinas em todo o mundo, e que mulheres e jovens que me seguiriam teriam que lutar as mesmas batalhas que enfrentei.

Estou decidida a deixar cair por terra essas experiências negativas e construir algo melhor em seu lugar, o que explica por que estou tão entusiasmada por este livro estar sendo publicado em português em sua primeira tradução estrangeira. Espero um dia ver um mundo em que este livro seja obsoleto, mas, enquanto isso, tenho a esperança de que funcione como apoio para as intrépidas mulheres do Brasil e para além dele.

INTRODUÇÃO

A MANHÁ ESTÁ CLARA e sem nuvens quando você sai para trabalhar. Já está no emprego dos seus sonhos há mais de um ano e começa a sentir que está encontrando seu ritmo: conhece as prioridades dos funcionários, sente-se à vontade em seu papel e nas contribuições que faz à organização e não tem medo de falar a respeito disso nas mídias sociais – atualmente uma necessidade para deslanchar uma carreira. Você também mantém isso real, postando de vez em quando um instantâneo do seu dia a dia: uma foto do seu gato, talvez do computador, de uma tortinha doce, até do seu pedido na cafeteria banhada na luz dourada do poente – o post onipresente em todo Instagram intelectual.

Está há poucas quadras da estação de metrô, pensando na lista de coisas a fazer, quando percebe que um homem a segue bem de perto. Você faz um aceno com a cabeça por cima do ombro e lhe dirige um sorriso silencioso quando os olhos dele se encontram com os seus. Sentindo-se constrangida, você acelera o passo.

"AH, É ASSIM?", ele grita quando você passa pela entrada da estação de metrô. "ACHA QUE É BOA DEMAIS PARA MIM, SUA VACA?" Você tenta ignorar enquanto ele continua a gritar. Depois de passar a catraca do metrô, você respira fundo e segue em direção à plataforma. Hoje vai ser um dia muito agitado, e você não vai deixar que esse sujeito a aborreça.

Você arranja um lugar para se sentar no vagão e se ajeita para ler o jornal. A primeira página traz um artigo na sua área de expertise, a guerra provocada pela Rússia no leste da Ucrânia. O homem sentado ao lado lê por cima do seu ombro. "Fui à Ucrânia uma vez para uma despedida de solteiro", ele ri, relembrando. "Hum", você mal responde, tentando mostrar que não deseja proximidade, e se vira em direção à janela. "Lindas mulheres, as de lá", o homem continua, inabalável. "É uma vergonha essa guerra civil, mas imagino que é a primeira vez que uma jovenzinha linda como você ouve falar disso."

Você pega suas coisas e sai do vagão enquanto ele continua a murmurar obscenidades. Subindo a escada de dois em dois degraus, sai para a luz do dia, estressada, suada e atrasada, mas seu único desejo é colocar uma distância entre você e os caras que encontra no trajeto.

Quando está virando a esquina da quadra do prédio onde fica seu escritório, um sem-teto está em um beco, com a mão por dentro das calças, se masturbando enquanto olha maliciosamente para você. Diante da entrada do seu prédio, um grupo está reunido – formado por homens, em sua maioria. Contrariando todas as probabilidades, o homem que estava seguindo você e o sujeito do metrô estão ali, liderando a multidão. Os gritos deles a atingem por todos os lados.

"Tique-taque! É o som do seu relógio biológico. Melhor ir para casa e tentar fazer um filho antes que seja tarde, queridinha."

"Dê uma conferida no seu pomo de Adão! Acho que você é uma porra de uma travesti, não é?"

"Será que ao menos tem tetas?"

"Aprenda a arte do boquete e faça alguma coisa de útil nessa sua vida de merda!"

O segurança no saguão do prédio não parece perceber o que está acontecendo do lado de fora. Os pedestres mantêm o olhar fixo em frente e caminham pela rua como se nada estivesse acontecendo. Você está apenas tentando chegar ao trabalho, e, mesmo que essas pessoas ensandecidas desapareçam imediatamente, a ideia de que será capaz de se concentrar, escrever, manter-se calma nas reuniões e nas conversas telefônicas, brincar com os colegas ao lado do bebedouro é inconcebível. Você se sente paralisada, sob um ataque de pânico e nauseada. Dá meia-volta e manda uma mensagem de texto para o seu chefe dizendo que vai trabalhar de casa hoje.

As ofensas manifestadas no cenário fictício acima descrito vêm dos meus admiradores online. Assim como este texto, nenhum deles foi removido das redes sociais onde foram compartilhados.

O pensamento predominante é que pessoas sensíveis ficariam horrorizadas diante de uma cena dessas na rua. Elas – esperamos – interviriam de algum modo. Se ofereceriam para acompanhá-la até o escritório, até sua casa ou chamariam a polícia. Os guardas fariam algumas prisões, ou pelo menos dispersariam a multidão. Esperamos uma intervenção desse tipo na vida "real".

Online, entretanto, essa expectativa não existe. Esse tipo de abuso é a regra para muitas mulheres empenhadas no discurso público, em especial aquelas que têm identidades marginalizadas. Aceitamos que o assédio às mulheres seja apenas o custo de seu engajamento na mídia social ou, pior, que as mulheres devem suportar o assédio e silenciar em nome da "liberdade de expressão". Já passou tempo demais para que isso mude.

O primeiro assédio verdadeiramente perturbador que recebi foi em novembro de 2018. Eu tinha sido convidada para o *PBS NewsHour*, um noticiário noturno, sem frescuras, sério, repleto de sutilezas, transmitido por uma emissora pública estadunidense. Era minha terceira vez no programa e, em um segmento de seis minutos, eu discutia minha análise sobre os esforços de autorregulação do Facebook que estavam em andamento. O segmento foi ao ar no Dia de Ação de Graças.

No dia seguinte, enquanto mordiscava sobras de pão de milho, me sentei à mesa com um café, percorrendo as postagens nas minhas redes sociais. Havia duas mensagens no Facebook na pasta "pedidos" – o lugar para onde vão as postagens de usuários que não são "amigos". Às 19h36 da noite de Ação de Graças, em vez de estar em um estado comatoso por ter comido peru em excesso ou, então, assistindo ao futebol com a família, um homem chamado Brian localizou minha conta e escreveu: "Acabei de assistir à sua entrevista no PBS NewsHour. Não consigo nem me lembrar do que você estava falando porque disse 'humm' ou 'ah' 16 vezes. É espantoso que alguém consiga entrevistá-la... Contei todas as vezes...".

Ao que parece, outro sujeito, Edward Jr., tinha uma mensagem tão urgente quanto essa: "Olá, senhorita Jankowics", escrevendo errado meu sobrenome, embora tivesse a grafia certa bem na sua frente na hora em que digitou a carta. "Espero que tenha passado um Dia de Ação de Graças feliz e abençoado. Entretanto" – entretanto?! –, "acabei de assistir seu relato no *PBS NewsHour* e acho que preciso lhe dizer que percebi uma coisa esquisita. Enquanto estava assistindo, percebi que a região do esôfago da sua garganta parecia escurecida. Podia ser por causa da iluminação, mas já vi muitas pessoas naquela situação que não tinham essa aparência. Pode ser apenas o seu físico. De qualquer modo não quero ofender você de modo nenhum..." Compartilhei a mensagem com alguns amigos, que me informaram que examinar o pescoço das mulheres para encontrar evidência de um pomo de Adão é um passatempo de transfóbicos que querem provar que mulheres bem-sucedidas, atraentes e determinadas são, em segredo, mulheres trans.

Nunca tive medo de falar abertamente com meninos e homens. Quando estava no primeiro grau, dei uma "bicada" em um garotinho quando estava fantasiada de "princesa-passarinho" no Halloween. A fantasia tinha sido criada por mim, mesclando o figurino de princesa do ano anterior com uma máscara de pássaro rosa-choque, rematada com um bico de 15 centímetros. Embora sempre tenha me lembrado daquele dia com orgulho, graças à demonstração de espanto e diversão dos meus pais diante do meu comportamento eternizado num vídeo caseiro, não foi o dia de triunfo de que agora, como adulta, me recordo. Não faz muito tempo, minha mãe desencavou meu diário daquela época, onde escrevi sobre o Halloween: "Hoje sou um passarinho... estou triste porque as pesoas cassoaram [*sic*] de mim".

Mas continuei a fazer o melhor para não deixar que ninguém pisasse em mim. Minha mãe se lembra orgulhosa de um dia, mais de uma década depois, quando me ouviu falar ao telefone, gritando com o copresidente do Clube de Debate da faculdade por não assumir sua parte no trabalho. Frequentei uma escola para mulheres – Bryn Mawr, uma das Sete Irmãs, um histórico grupo de instituições de ensino superior para mulheres –, um ambiente onde me diziam que minha voz importa. Na minha carreira, tive a sorte de trabalhar ao lado de mulheres inspiradoras, que se solidarizaram comigo e me orientaram, e de viver num mundo mais igualitário do que aquele ao qual minha mãe ou minhas avós tiveram a oportunidade de ter acesso quando tinham a minha idade.

Ainda assim, o fluxo incessante de misoginia do qual eu e milhões de outras mulheres que se empenham no discurso público temos sido objeto às vezes me perturba. Talvez eu tenha a casca um pouco mais grossa do que outras mulheres, mas olhar milhares de estrangeiros criticarem minha aparência, experiência e expertise não é fácil. Perceber o quanto eles me objetificam não é fácil. Vê-los negando a mim e a outras mulheres nossos direitos democráticos e humanos básicos não é fácil. E observar esses ataques serem ignorados porque é "o preço de ter uma atividade empresarial" em uma época em que a presença online é quase obrigatória é revoltante.

É neste ponto que digo a você o quanto esse problema é perturbador. Eu me sinto frustrada por este livro precisar existir, mas muita gente – e, descobri na primeira vez que fui trolada, mesmo pessoas próximas a mim – duvida da gravidade do assédio online. Duvida que isso afete mais as mulheres do que os homens, e mais as mulheres de comunidades marginalizadas do que as mulheres brancas cisgênero.

Como Danielle Citron, jurista e membro da Bolsa MacArthur, escreve em *Hate Crimes in Cyberspace* [Crimes de ódio no ciberespaço], muitas pessoas trivializam a misoginia e o assédio. Dizem para simplesmente ignorarmos as ameaças que recebemos. Que as mulheres que denunciam assédio são "rainhas do drama", que os homens que as assediam não passam de universitários ou homens patéticos sentados de cuecas no porão da casa da mãe. Somos acusadas por desejar interagir equitativamente na esfera pública. (Meus trolls já me disseram mais de uma vez "se não sabe brincar, não desce pro parquinho".) Eles nos lembram toda hora de que a internet é um "Velho Oeste virtual", não tem regras nem devemos esperar que alguma seja imposta.[1] Sarah Jeong, colunista do *New York Times*, escreve que com frequência a mídia também descaracteriza as ameaças offline criadas pelo assédio online: "Na narrativa da mídia, os assédios são apenas palavras descontroladas, não um CPF. Passam a ser ameaças de estupro, não um endereço físico. Eles se transformam em enchentes e inundações de tuítes assustadores, não num grupo da SWAT batendo à sua porta porque alguém na internet chamou a polícia por causa de uma ameaça fake".[2]

Nenhuma dessas concepções errôneas deveria ser aceitável no século XXI. Deem uma olhada em alguns fatos:

No período anterior à eleição presidencial nos Estados Unidos em 2020, o Institute for Strategic Dialogue [Instituto para o Diálogo Estratégico] verificou que as mulheres candidatas a cargos eletivos eram, de longe, mais vítimas de mensagens abusivas ligadas a gênero que os candidatos do sexo masculino. No Twitter, mensagens abusivas compreendem 15% daquelas que as mulheres objeto da pesquisa receberam, em comparação a apenas 5% a 10% das recebidas por seus colegas homens. No Facebook, "as mulheres do Partido Democrata receberam dez vezes mais comentários abusivos do que seus colegas, enquanto as mulheres do Partido Republicano receberam o dobro do que seus pares".[3] O assédio era maior contra mulheres com histórico interseccional. Mais tarde, em 2020, a UNESCO e o International Center for Journalists [Centro Internacional de Jornalistas] fizeram uma pesquisa com 900 jornalistas de 125 países, descobrindo que 73% das mulheres que responderam tinham sido alvo de violência online, incluindo ameaças de violência física e sexual: "Vinte por cento [...] disseram que tinham sido atacadas ou assediadas offline em atos relacionados com a violência online que tinham sofrido".[4]

No mesmo período, no outono de 2020, minha equipe de pesquisa no Wilson Center empreendeu um projeto pioneiro de análise de discursos em torno de 13 mulheres engajadas na política. Durante dois meses, coletamos menções de candidatas às eleições que abrangiam divisões demográficas e políticas em seis plataformas de mídia social. Como uma equipe de pesquisa predominantemente feminina, sabíamos que as conclusões não seriam bonitas; afinal, somos mulheres com perfis públicos online. Mas o volume imenso de assédios, mesmo deixando de fora o conteúdo repugnante, era chocante. Revelamos mais de 336 mil mensagens de desinformação e de abuso relacionado a gênero contra as 13 candidatas que eram objeto da pesquisa, com 78% das ocorrências visando a então senadora Kamala Harris e sua histórica campanha à vice-presidência.[5] O teor do conteúdo era eminentemente sexualizado, racista ou racializado e transfóbico. Os agressores declaravam que Kamala tinha "transado até chegar ao topo" ou que a sexualidade dela a impedia de ocupar um posto na administração pública, com apelidos como "Heels Up Harris" e "Cumala". Colaram o rosto de Kamala em imagens pornográficas ou sobre corpos em posições sugestivas. De uma só vez, eles usaram estereótipos racistas sobre mulheres negras e, em seguida, declararam "#KamalaAintBlack", alegando que ela exagerava suas raízes afro-americanas para ganhar votos. Incapazes de entender o fato de uma mulher ser bem-sucedida sem ser ambígua ou exibir características masculinas, os apoiadores da teoria da conspiração de QAnon compartilhavam um meme precariamente photoshopado que alegava que na verdade Kamala era um homem trans chamado "Kamal Aroush". Ao todo, narrativas de desinformação envolvendo gênero afetaram 9 das 13 mulheres que foram objeto da pesquisa, enquanto 12 das 13 mulheres da nossa amostragem foram alvo de ataques mais amplos ligados a gênero. De forma alguma identificamos tudo: misóginos online, descobrimos, são especialistas em não deixar se detectar, usando o que chamamos de "criatividade maligna". Na esfera da pesquisa da desinformação, muitas vezes chamamos aqueles que espalham desinformação de "atores malignos". Aqui, eles estão usando sua criatividade para propósitos malignos, empregando linguagem codificada, repetida, baseada no contexto visual e textual de memes, e outras táticas para evitar fiscalização e consequências. Por exemplo, os abusadores dão nomes inócuos aos grupos dedicados a perseguir Alexandria Ocasio-Cortez, como "AOC Memes and Tributes" e "AOC Fan Club". Usam imagens em vez de texto para atacar seus alvos e as recortam, animam ou editam de forma que as plataformas tenham mais dificuldade para rastreá-las quando as detectam. Eles escrevem "*b!tch*" [v4ca] em vez de "*bitch*" [vaca]. Em resumo, mesmo quando as plataformas de redes sociais tentam abordar esse ataque, as mulheres mais proeminentes do mundo enfrentam uma investida abusiva que afeta carisma, imagem, segurança e as perspectivas democráticas de todas as mulheres do mundo, toda vez que elas fazem login.

Ser uma mulher online é um ato, em si, perigoso. Os ataques que sofremos pretendem nos silenciar. A intenção deles é nos incentivar a ficar em casa desempenhando os papéis "tradicionais" das mulheres e não nos engajarmos em política, jornalismo, ativismo, no mundo acadêmico ou na vida pública em geral. Como um dos meus trolls escreveu, "vocês dão à luz bebês, nós construímos pontes". (Um pensamento ridículo, já que, entre outros exemplos, foram mulheres que construíram a Ponte de Waterloo em Londres durante a Segunda Guerra Mundial, embora a história tenha tentado apagar sua contribuição. E isso deixando de lado a falsa equivalência entre trabalho braçal e trabalho de parto, cuja dor física eu duvido que esse troll e outros como ele seriam capazes de suportar, sem mencionar o custo psicológico que recai sobre as mulheres em um mundo que subestima as contribuições que a sociedade espera delas.) Entretanto, por mais sem sentido, sem fundamento e desinformados que sejam, há muitas evidências que sugerem que esses ataques mudam a forma de participação das mulheres online.

Por experiência própria, descobri que penso de forma diferente sobre como promover meu trabalho quando estou lidando ativamente com o assédio. Devo enviar um tuíte provocador? Ir atrás de pesquisas e publicações sobre quais questões atraem críticas? Postar uma foto minha, dando aos homens obcecados em dissecar minha aparência munição para sua próxima campanha? Às vezes, quando me sinto devorada pela síndrome da impostora ou simplesmente cansada demais para lidar com outra onda de bile online, a resposta é não. Mas, mesmo nesses momentos, sei que não estou sozinha.

A International Women's Media Foundation [Fundação Internacional de Mulheres na Mídia] apurou, em uma pesquisa global feita em 2018, que 40% das entrevistadas "evitaram relatar determinadas histórias em consequência de intimidação online".[6] Em 2019, o National Democratic Institute [Instituto Democrático Nacional] indicou que mulheres politicamente ativas enviavam menos tuítes na sequência de um ataque online, experimentando um efeito paralisante.[7] Uma blogueira anônima, que "pediu para seu nome não aparecer porque estava preocupada com a atenção que o texto iria atrair", contou à jornalista Helen Lewis, em 2011, "que os ataques misóginos que muitas blogueiras e escritoras têm recebido funcionam como uma espécie de censura e um alerta àquelas que não estão atualmente passando por essa experiência para prestarem atenção ao que escrevem".[8] Uma proeminente pesquisadora do campo da desinformação e minha amiga pessoal me contou, em entrevista para o estudo "Criatividade Maligna" do Wilson Center, que, quando ela é atacada, "frequentemente a solução é fechar minha conta ou ficar totalmente offline e deixar de postar por dias. Você não se sente segura para continuar falando, então não fala".[9]

Mas o que acontece com as jovens e mulheres que assistem a essas campanhas? Podem até ficar contentes com o fato de Kamala Harris se tornar a primeira mulher vice-presidente dos Estados Unidos, mas será que vão querer seguir os passos dela quando veem a constante campanha de desinformação que esmiúça sua aparência, raça, etnia e sexualidade, sempre através de vieses misóginos?

Ao longo da minha pesquisa, lidei com grupos focais de mulheres pertencentes às faixas etárias correspondentes aos ensinos médio e universitário, todas elas extraordinariamente cuidadosas com sua presença online. "Sabemos que não devemos nos comunicar com todos que ficamos conhecendo. Tomamos cuidado com o que postamos [porque] vimos pessoas se darem muito mal por causa de erros que cometeram", me disse uma moça de 18 anos de Chicago.[10] A preocupação das colegas era que os encarregados das admissões nas faculdades e seus futuros empregadores pudessem acessar seus perfis. Tinham medo de que pessoas pouco escrupulosas pudessem descobrir onde elas viviam ou trabalhavam. Sua companheira de quarto, uma jovem de 19 anos da Virgínia, disse: "Não quero mais que meu estilo de vida seja tão público".

Pode parecer louvável que essas jovens estejam tomando precauções para se proteger. Elas mantêm seus perfis no

Instagram privados, são cautelosas em sites de encontros, tomam cuidado ao postar fotografias de seu rosto e de sua casa e não usam o nome verdadeiro em perfis de redes sociais. Apesar de a vigilância online às vezes ser certamente necessária, receio que essas moças de hoje deixem de fora uma via importante de autoexpressão e engajamento político e social. Elas não veem o mundo virtual como um espaço em que poderiam se expressar livremente. Já que a transição delas para seguir carreira e ter vida adulta exige uma presença pública online, elas não ficarão em desvantagem? A pesquisa sugere que isso pode acontecer. A Plan International, uma organização de desenvolvimento que luta pelos direitos das jovens, detectou que as moças em todo o mundo estão se autocensurando de um modo assustador. Em seu relatório anual intitulado "Condição das Moças no Mundo", em 2020, a organização perguntou a 14 mil moças, de 31 países, sobre seus hábitos online. Pesquisas e entrevistas mostraram que "a maioria das jovens relatou que sua primeira experiência de perseguição em redes sociais foi quando tinham entre 14 e 16 anos. Aos poucos, elas aprenderam a se proteger melhor".[11] Mas essa proteção muitas vezes equivale à autocensura e pode ter efeitos psicológicos e emocionais offline. Algumas moças evitavam ir à escola depois de sofrerem perseguição online; outras tinham problemas para arranjar um emprego. Muitas vezes temiam por sua segurança física e muitas vezes mudavam seu comportamento online: "Das moças que tinham sofrido ataques frequentes, 19% disseram que usam menos as plataformas de redes sociais e 12% deixaram de usá-las".[12] Os autores observam incisivamente que esse tipo de perseguição não deveria ser vista como "liberdade de expressão": "As jovens pagam um preço alto pelo 'direito' de liberdade de expressão de outras pessoas, em sua maioria homens. Elas têm que lidar por conta própria com um nível de perseguição constante que deixaria muitos de nós derrotados".[13]

As plataformas de rede social estão apenas começando a encarar seriamente esses ataques e seus efeitos sobre a democracia. Os governos, continuando sua longa história de falhar com as mulheres e sistematizar a misoginia, de modo geral têm se recusado a enxergar a urgência desses problemas. Os empregadores muitas vezes não têm sistemas para apoiar as mulheres que os representam na esfera pública. O Poder Judiciário não está equipado para lidar com a perseguição, o abuso e a desinformação online, tanto em sua formação e origem quanto na própria estrutura do sistema legal. Em geral, as mulheres têm de navegar por um cenário online muitas vezes traiçoeiro e lidar sozinhas com as repercussões. Até que plataformas, governos e empregadores realmente comecem a fazer as mudanças estruturais necessárias para tornar o ambiente online mais justo, precisamos de estratégias para lidar com a misoginia online e para lutar para que o mundo reconheça que o nosso direito de liberdade de expressão é tão válido quanto o de nossos perseguidores. Neste momento, o ônus para lidar com esses problemas recai sobre as mulheres. Não temos culpa de que as corretoras de dados estejam vendendo informações detalhadas de nossa vida pessoal para qualquer um que pague por isso. Não somos culpadas pelas plataformas de mídia social não conseguirem fazer face à criatividade maligna da classe dos trollers que procura expulsar as mulheres da vida pública. Nem se deve a nós o fato de alguns políticos tacitamente endossarem esse comportamento, desvalorizando suas colegas mulheres e adotando figurações sexistas. É enfurecedor, mas existem formas para aliviar isso.

É aí que surge este livro. Tive a sorte imensa de contar com uma rede de mulheres que me deram apoio para atravessar todos os períodos de abuso online que vivi. Também pesquisei profundamente as táticas e ferramentas de campanhas de influenciadores online, inclusive as diferentes formas com que se armam contra as mulheres. Vamos deixar bem claro: não tenho uma estratégia infalível para lidar com o abuso online, mas posso ensinar estratégias práticas para quem necessita se expor. Não vão impedir os ataques – de certo modo, o abuso é um sinal de que você está fazendo algo certo –, mas vão mantê-la mais segura quando isso acontecer e lembrá-la de que não está sozinha.

A quem se destina este livro? De quantos seguidores uma pessoa precisa para ter de se preocupar com essa questão? Tem de aparecer na tevê regularmente, fazer parte de uma lista de celebridades ou ser uma influenciadora do Instagram? A resposta é não, de jeito nenhum, para todas as interrogações. Abuso, perseguição e desinformação online podem ocorrer a qualquer um, em qualquer momento.

Você se identifica como mulher? Então lamento informá-la de que – da mesma forma que deve ter sido criticada quando estava usando suas roupas mais folgadas, em um dia que estava se sentindo um lixo – é bem provável que vá se deparar com misoginia online. Se trabalhar numa área predominantemente masculina, como ciências, esportes ou segurança nacional, vai encontrá-la nos comentários do Twitter, na caixa de entrada do seu e-mail e nos incontáveis homens aleatórios que a seguem em silêncio no Instagram depois de uma aparição pública, sendo improvável que tenham feito isso para ouvir suas ideias políticas. Se for uma mulher que pertença a um grupo ética, racial ou sexualmente marginalizado, será ainda mais visada, e os ataques tenderão a ser mais violentos. (Sendo uma mulher branca e cisgênero, não consigo imaginar como é isso; para mais experiências de mulheres negras, siga Seyi Akiwowo, Shireen Mitchell ou Mutale Nkonde. Se quiser entender a perspectiva das mulheres trans sob os olhares públicos, basta acompanhar Katelyn Burns.) Enquanto é fácil para quem não sofreu ataques online aconselhar uma postura firme, é muito mais difícil para as mulheres conciliar uma saraivada de ameaças físicas violentas e personalizadas com as atuais tecnologias de vigilância e o medo incessante de violência física offline que elas enfrentam no dia a dia.

Este livro é uma tentativa de lhes oferecer um pouco mais de controle. A intenção não é assustá-las, mas lhes dar a capacidade de usar sua voz com segurança, sem arrependimento ou medo desnecessários. Nem todos os conselhos que se seguem são aplicáveis a todas as mulheres a qualquer momento, mas, ao lê-los, elas podem montar um arsenal virtual e ficarem prontas para entrar em ação se necessário, além de evitar ataques mais sérios do que aqueles que já enfrentaram.

Acima de tudo, este livro é uma convocação à ação. Ao nos expormos e reivindicarmos nossos direitos à livre expressão online, nós mulheres estamos pouco a pouco desafiando a continuidade das normas repulsivas que permitem a misoginia online. Se exigirmos soluções para problemas que as plataformas de mídia ainda têm de resolver, se chamarmos a atenção para o fato de que suportar ataques não deveria ser o custo cobrado para ser uma mulher na internet, tenho a esperança de que conseguiremos mudar as regras que governam nosso sistema online. Acredito que este livro vai nos ajudar a fazer isso.

Enquanto a conduzo através do básico de como lidar com o assédio e o abuso online, vou apresentar a você algumas das muitas mulheres que me inspiraram. Vai conhecer Cindy Otis, ex-analista da CIA, especialista no combate à desinformação e escritora que se descreve como "uma orgulhosa mulher deficiente". Ela foi alvo de ataques constantes por parte dos conspiradores da QAnon e de outras comunidades perversas online, e também revelou algumas campanhas influenciadoras de desinformação realmente assustadoras por meio de técnicas investigativas de código aberto. A boa notícia? Para nos mantermos a salvo, podemos usar a engenharia reversa em algumas dessas técnicas que Cindy utilizou para pegar os *bad guys*.

Em seguida, vamos conhecer Nicole Perlroth, uma jornalista experiente do *New York Times* que faz a cobertura do escopo extremamente masculino e extremamente tóxico da segurança cibernética, e Van Badham, dramaturga, ativista e colunista do *Guardian*, na Austrália. Nicole explica como seu engajamento online mudou à medida que ela foi ganhando proeminência no escopo da segurança cibernética, cobrindo algumas das histórias mais chocantes da década passada e lançando um livro. Van nos conta sobre suas máximas online: "não bombardeie a aldeia" e "adote o bloqueativismo". Ela também nos dá dicas de como evitar trolls que têm "tesão de engajamento". Por ora, diz ela, o assédio online "não é um problema a ser resolvido, é uma tensão crescente com a qual precisamos lidar". Com a ajuda de Nicole e de Van, vou guiá-la pelas suas opções quando se encontrar na mira de um tiroteio online, desde identificar e expor seus trolls a ignorá-los, e explicar por que essas decisões não servem para todos os casos.

Além do seu engajamento pessoal (ou da falta dele) contra seus perseguidores, as plataformas de redes sociais lhe oferecem opções – algumas mais robustas que outras – para lidar com o abuso. Conheceremos Brianna Wu, uma das mulheres que foram alvo durante a Gamergate, uma campanha de assédio virtual na comunidade de fãs de videogames vista como o evento que deu origem e acentuou a misoginia online como a conhecemos hoje. Brianna advoga pelo conhecimento das ferramentas nativas das plataformas de redes sociais e dos termos de uso interno e externo para fazê-los trabalhar para você. Vou ajudá-la a navegar por esses sistemas, orientando-a, através das ferramentas de proteção e de denúncia que estão disponíveis, a quando e como subir o tom se suas denúncias não estiverem sendo ouvidas, e lhe mostrar a documentação que precisa reunir caso queira entrar com um processo mais tarde.

Discutiremos a importância de procurar e cultivar a comunidade. O abuso virtual é uma experiência solitária que nos faz sentir como se o mundo estivesse contra nós. Pior, algumas vezes nossos amigos mais próximos ou nossa família não reconhecem ou não entendem aquilo pelo que estamos passando, isolando-nos ainda mais. Se não fossem meus sistemas de apoio – alguns dos quais foram feitos por mulheres que nunca conheci pessoalmente –, minhas experiências misóginas online poderiam ter sido muito mais prejudiciais. Trataremos também de como falar com amigos, família e empregadores sobre o problema pelo qual está passando e quais práticas diárias pode adotar a fim de criar um ambiente online favorável para mulheres. Brittan Heller, a advogada que foi a vítima anônima em um caso marcante de abuso sexual online, nos dá sua visão sobre a construção de círculos de solidariedade – em especial no local de trabalho – para apoiá-la nos momentos mais difíceis.

Meu maior desejo é que, quando acabar de ler este livro, você se sinta fortalecida. Adotar essas práticas não se trata apenas de sobreviver no mundo virtual, mas também de lutar, de fazer sua voz ser ouvida e garantir que nossas filhas consigam crescer sentindo que podem expressar suas opiniões da mesma forma que fazem os garotos que andam ao lado delas no desfile de Halloween, sem que elas precisem dar bicadas.

1

SEGURANÇA: COMO SE PROTEGER ONLINE

PASSEI MEUS ANOS DE formação na internet. Na maior parte do ensino médio, minha mãe limitou meu uso do computador a meia hora por dia, mas isso não me impediu de publicar blogs em qualquer plataforma que existisse na ocasião. Quando o Facebook ficou disponível para os alunos do ensino médio, fui uma das primeiras a aderir. Postei fotos dos bastidores de musicais que estava fazendo e, quando entrei na faculdade, reclamava de tarefas, empregos de verão e do clima na minha atualização de status e nas Notas do Facebook. Fazia upload regularmente de fotos com legendas que considerava divertidas sobre as minhas escapadas no campus, sem pensar que viveriam para sempre na internet ou na memória do computador de quem as tivesse baixado. Desconhecidos me marcaram em fotos quando minha banda percorreu o país se apresentando.

Não me arrependo de nada disso. Minha vivência na faculdade foi ótima, e, em comparação com as experiências universitárias da maioria dos jovens, o tempo que passei no campus foi extraordinariamente bem-comportado. Não existe nenhuma evidência fotográfica ou em vídeo que me mostre bebendo demais ou usando drogas porque nunca fiz isso. Existem, entretanto, muitas fotos pouco lisonjeiras exibindo meu antigo visual da faculdade (calças de moletom, camiseta e um coque emaranhado) ou agindo como a tremenda nerd que eu era e sou ainda, cantando *a cappella* com meu grupo da faculdade, estudando na Rússia e fazendo concertos com minha banda temática inspirada em Harry Potter.

Em 2020, um troll fez uma campanha de difamação compartilhando alguns vídeos dessas escapadas no Twitter. Ele usou uma conta alternativa depois que abordei a desinformação durante a eleição presidencial. Tentou me calar achando que ia me fazer passar vergonha, mas eu não estava envergonhada. Entretanto, fiquei preocupada. Aquele homem tinha cavado fundo no histórico de pesquisas do Google até encontrar aqueles vídeos. Selecionou os que me faziam parecer o menos séria e profissional possível e se deu ao trabalho de baixá-los, editá-los e compartilhá-los por meio de uma conta alternativa. Se ele tinha encontrado isso, o que mais teria encontrado? Meu número de telefone? Meu endereço? O endereço da minha mãe? Iria utilizá-los se eu desmascarasse outra de suas alegações? Eu daria de cara com ele ou um de seus acólitos na próxima vez que fosse dar uma volta com o cachorro?

Na noite em que esses vídeos foram compartilhados – o ápice de um fim de semana inteiro de uma campanha contra mim –, meus nervos e minhas emoções estavam em frangalhos. Me sentia insegura e sozinha. Eu me inscrevi e ao meu marido em um serviço antidoxing que, por uma taxa, limpa listas de telefones e outros registros públicos de suas informações pessoais online. Havia alguns anos já que eu era uma pessoa pública, e por isso cuidava da minha segurança física e tecnológica, mas aquela noite foi decisiva para meu engajamento online. Os dias de postagem de pensamentos passageiros ou evidências fotográficas de eventos mundanos da minha vida já tinham passado havia anos, mas aquele era o momento de um novo nível de curadoria e precaução.

Cindy Otis é uma das muitas mulheres em que me apoiei quando dos ataques online. Ela é ex-agente da CIA e especialista em desinformação. Não podemos nos esquecer de que a mídia social pode ser um ambiente positivo onde se constroem amizades. Cindy e eu nos conhecemos no Twitter quando estávamos nos preparando para lançar nossos livros de estreia. Desde então, mantemos contato por meio de uma sólida corrente de mensagens, comemorando nossos sucessos, lamentando dias que poderiam ter sido melhores e nos apoiando para enfrentar o que de pior a internet tem a oferecer.

Pouco antes das eleições de 2020, fomos chamadas como testemunhas para depor diante do U.S. House of Representatives Permanent Select Committee on Intelligence [Comitê Permanente de Inteligência da Câmara dos Representantes dos Estados Unidos], presidido pelo representante da Califórnia Adam Schiff. O tema – "Desinformação, teorias da conspiração e 'infodemia': como deter a propagação online" – não poderia ter sido mais atual ou mais sujeito a atrair a crítica das próprias pessoas que espalham as informações perversas de que estamos tratando.

Na véspera da audiência, "Q", o líder anônimo da seita conspiratória QAnon, postou uma mensagem no fórum 8kun sobre os processos. Começava com "Devemos mostrar a elas, Anon...?" e depois listava o nome de todas as testemunhas mulheres, encerrando com a frase "Alertado e preparado" e uma saudação ao "Q Team". No dia seguinte, os seguidores de Q passaram as duas horas da audiência criticando nossa aparência, fazendo insultos antissemitas e alegando que éramos todas agentes da CIA. "Vocês veem o padrão aqui?", perguntava uma postagem incluindo a foto das quatro testemunhas mulheres. "Observem o nariz largo", alguém escreveu sobre mim. Outro implorava: "Mostrem os peitos!". Cindy, que é cadeirante e se orgulha de ser advogada, foi ridicularizada grotescamente. Tampouco faltaram ameaças violentas ao confronto. Um usuário escreveu:

"Encontrem suas penas
Queime-as com a verdade!
Elas se expuseram.
Ao ataque!
Esta é uma batalha digital, e não seguiremos em silêncio".

Cindy já tinha bloqueado sua conta no Twitter. "Não preciso do estresse de ter de me preparar [para a audiência], testemunhar e, depois, lidar com o impacto das menções" no Twitter, ela me conta em uma conversa mais adiante.[1] Não é uma decisão fácil de tomar. "Com certeza isso me fez [perder] oportunidades de expandir meu alcance e [...] aumentar minha credibilidade", ela diz. "Quando bloqueio a conta, ninguém pode compartilhar meu conteúdo, ninguém pode me seguir. Existem momentos em que você tem essa oportunidade. Sei que estou limitando meu progresso profissional toda vez que reduzo minha presença nas redes sociais. É a avaliação que faço sempre que priorizo minha segurança física, minha saúde mental."

Como analista e investigadora de códigos abertos, cuja revelação de redes de desinformação ocupou as primeiras páginas do *Washington Post* e de outras publicações renomadas, Cindy é especialista em migalhas digitais que podem ser usadas para nos atingir. "Todo usuário de rede social precisa fazer escolhas na hora de decidir o quanto deseja ser autêntico online", ela reforça. Os pormenores de nossa vida que nos tornam mais humanos – questões familiares, problemas de saúde e histórias pessoais –, "tudo isso pode ser usado para fazer de você um alvo, seja por meio de trolagem, seja por tentativas de recrutamento por serviços de inteligência", adverte Cindy. "Deve-se avaliar a vulnerabilidade que deseja expor, pensando com cuidado sobre os detalhes pessoais que vai compartilhar e que podem colocá-la em uma posição comprometedora."

Mas não são apenas os detalhes pessoais que podem metê-la em problemas; a higiene cibernética básica é fundamental para qualquer prática de segurança online. Não, não é a parte mais emocionante de sua proteção virtual, mas é a parte mais ligada à sua segurança física. Usando gerenciadores de senha, autenticação de dois fatores e ficando mais consciente dos detalhes aparentemente inócuos que compartilha nas redes sociais, você pode construir um fosso em torno do seu perfil público, acrescentando uma camada extra de segurança e paz de espírito enquanto trabalha e se faz ouvir.

Higiene cibernética básica

*As melhores práticas para manter os seus dados,
perfis e equipamentos seguros*

Em junho de 2021, um representante republicano do Alabama, Mo Brooks, tuitou uma foto do monitor do seu computador. O que a tela exibia não tem muita importância em comparação ao que estava grudado nela: no canto inferior, uma nota adesiva mostrava a senha do e-mail de Brooks e um código PIN. O tuíte permaneceu online por vinte horas antes de ser substituído por uma versão sem a nota adesiva.[2]

Mulheres que estão na vida pública não podem se dar ao luxo de serem tão descuidadas, nem poderíamos esperar vinte horas de segurança num cenário desses. Se eu ou Cindy tivéssemos cometido um erro semelhante na ocasião de nossos testemunhos, por exemplo, provavelmente os asseclas de QAnon que sondavam nossos perfis online tentariam acessar nossas contas. Não teriam tido sucesso porque seguimos as práticas básicas e fáceis que vou descrever para você, que servem para manter as informações pessoais a salvo de qualquer um que possa tentar nos prejudicar.

Está na hora de banir as notas adesivas e rabiscos da parte de trás do seu notebook e reforçar proativamente sua segurança online.

Gerenciadores de senha

No mundo digital de hoje, mantemos centenas de senhas que são a primeira linha de defesa das nossas informações pessoais. É desgastante tentar ler um artigo de jornal ou fazer uma compra online, lhe solicitarem seu nome de usuário e senha e você então tentar adivinhar quais podem ser, até que finalmente remexe na gaveta da escrivaninha procurando o pedacinho de papel que deveria trazer a resposta. Pior, talvez esteja com pressa, tentando comprar o ingresso para um concerto, e é instada a criar uma conta nova. Sem inspiração, você decide fazer dessa senha uma homenagem ao seu cachorro. "EuAmoFifi", você digita. Quem não tiver um animal de estimação talvez use o nome de um antigo amor ou, pior ainda, "senha1234". E então, é claro, há dias que não queremos criar uma senha nova de jeito nenhum e só repetimos a senha do e-mail ou do banco, que já sabemos de cor.

Todo mundo já passou por isso, mas esse comportamento nos expõe desnecessariamente a possíveis violações em nossa segurança. Se o site do ingresso do concerto for comprometido, os criminosos terão acesso às outras contas em que usou a mesma senha. O que pode ser totalmente evitado. É muito fácil instalar um gerenciador de senha, um serviço que vai gerar, armazenar e até mesmo inserir todas as senhas, nomes de usuário e perguntas de segurança que houver.

Funciona assim: depois de se inscrever num serviço gerenciador de senhas (eu uso LastPass, mas há outros como 1Password, Bitwarden e Dashlane), você cria uma senha que vai conectá-la a esse serviço. Esta é a *única* senha que terá de decorar enquanto estiver usando o serviço. A partir daí, a maioria dos gerenciadores de senha oferece um plugin de navegador e um app de celular que vão armazenar todos os nomes de usuário e senhas para sites e serviços que você usa. Não precisará copiá-las e colá-las de site para site, e, se atualizar suas senhas, o serviço fará a mudança do login automaticamente. A maioria dos serviços também identifica senhas fracas ou comprometidas por violações, hackers ou vazamentos em larga escala. Um bom gerenciador de senhas também vai oferecer uma autenticação de dois fatores para manter suas contas ainda mais seguras (mais informações, a seguir) e garantir que, se alguém *conseguir* ultrapassar o complexo login do seu gerenciador de senhas, não será capaz de acessar sua conta. (Você *certamente* deve ativar essa opção se estiver disponível no serviço que escolher.) O melhor de tudo é que, quando criar uma conta num site pela primeira vez, esses serviços vão gerar uma senha complexa, cheia de letras, números e símbolos, satisfazendo os requisitos de todos os sites ou serviços que usar, e você não vai precisar se lembrar de nenhuma delas.

Grande parte dos navegadores e sistemas da web oferece alguma versão de gerenciador de senhas (como o Keychain, da Apple, ou o Password Manager, do Google). Embora sejam agressivos (perguntando incessantemente "Gostaria de salvar sua senha?"), convenientes (pré-instalados com o seu navegador) e econômicos (a maioria dos melhores serviços disponíveis no mercado cobram uma taxa de inscrição anual para seu pleno funcionamento), nem sempre oferecem os mesmos recursos que um serviço externo focado somente no gerenciamento de senhas.[3]

Você pode também ficar tentada a usar uma autenticação única, empregando sua conta do Google, do Facebook ou da Amazon para fazer login em outros sites em vez de criar contas novas. Há duas razões para não fazer isso de jeito nenhum. Primeiro, os titãs da web que fornecem essas contas-guarda-chuva pretendem colher dados sobre seu comportamento em serviços de terceiros quando você se conecta usando as credenciais de seus sites. Mais importante ainda é que, se sua senha do Google, do Facebook ou da Amazon for comprometida, criminosos podem acessar todas as suas informações nos sites em que fez login com elas. Eu, hein!

É provável que você tenha sido vítima de uma violação de senha em algum momento nos últimos dez anos. Consulte o site HaveIBeenPwned.com (ou seu correspondente inspirado no Facebook, o HaveIBeenZucked.com), que vai passar seu endereço de e-mail ou número de telefone por uma fonte de dados de violações conhecidas. Desde 2012, meus próprios dados – todos, desde nomes de usuário e senhas até meu número de telefone e endereço físico – foram comprometidos 21 vezes. O site estima que eu pertença a um grupo de mais de 11 *bilhões* de contas. Com serviços como LinkedIn e Adobe entre os atingidos, é provável que você também esteja incluída nesse clubinho assustador. Não há nada que possamos fazer sobre os dados que já se espalharam pelo mundo, mas você pode proteger suas contas daqui em diante, e a maneira mais fácil de fazer isso é usar um gerenciador de senhas. Está na hora de dar adeus ao "EuAmoFifi". (Mas fique com a sua cachorrinha.)

Autenticação de dois fatores

Imagine que o pior aconteça: uma plataforma de rede social que você usa diariamente foi violada, expondo milhões de senhas. Por trás das suas, estão informações pessoais, mensagens privadas e informações de cartão de crédito desde o tempo em que, no aniversário da sua melhor amiga, você fez uma doação para o Santuário dos Pandas Gigantes. Mas você está a salvo; habilitou a autenticação de dois fatores em todas as suas contas, assim os criminosos não conseguem acesso. Seu gerenciador de senhas lhe avisa da violação; você muda sua senha. Uma crise é evitada – e o envio de mensagens embaraçosas para seu namoradinho da faculdade por algum troll instalado em algum porão escuro, também.

A autenticação de dois fatores (às vezes, abreviada 2FA) desempenha um papel crucial na sua proteção no que poderia ter sido uma tragédia, mas também ajuda a proteger nossos perfis digitais em geral. A premissa básica é simples: além de fornecer sua senha para confirmar sua identidade e proteger seus dados quando estiver conectada a um serviço online (o primeiro "fator" ou token de autenticação), ele pede uma confirmação adicional que é enviada a você fisicamente (o segundo "fator"). Pode ser uma chamada telefônica, uma mensagem de texto, um código gerado por um aplicativo de celular ou uma chave de segurança física que tanto se comunica com seu computador ou telefone via inserção ou se conecta a eles via Bluetooth. Se um criminoso tentasse acessar sua conta protegida por dois fatores, ele iria inserir sua senha roubada e seria desafiado a usar um segundo fator para confirmar sua identidade. A menos que você seja – que os céus não permitam – sequestrada com seu sistema de dois fatores, a maioria dos bandidos não seria capaz de acessar suas contas. Fato famoso: John Podesta, chefe da campanha de Hillary Clinton nas eleições presidenciais de 2016, não tinha os dois fatores habilitados quando hackers russos conseguiram sua senha por meio de spear phishing* e despejaram os conteúdos de seus e-mails

---

*   Spear phishing é um golpe feito geralmente através de e-mails que parecem legítimos, enviados por remetentes que parecem confiáveis,

por toda a internet num momento decisivo antes do dia das eleições.[4] Consegui convencê-la da importância da 2FA?

Habilitar e usar a autenticação de dois fatores é também fácil em comparação à proteção que fornece. Pode parecer algo bastante técnico, mas garanto que é acessível e muito importante. Vamos percorrer os passos para instalá-la em um serviço de terceiros como o Twitter. Em geral, você encontra opções para habilitar 2FA na seção "segurança" de um site, app ou serviço. Quando chegar a essa página no Twitter, terá três opções para o segundo fator de segurança, partindo do menos para o mais seguro: uma mensagem de texto, um app de autenticação ou uma chave física de segurança. Embora SMSs constituam um meio incrivelmente fácil, e sem dúvida melhor do que não ter nenhuma segurança extra, de instalar o segundo fator, os criminosos conseguem redirecionar mensagens de texto para seus próprios telefones e conseguir acesso à sua conta. Recomendo que, sempre que possível, use uma das outras duas opções – apps ou chaves físicas –, que demandam um pouco de preparação. Você vai precisar ou baixar um app de autenticação (como Duo Mobile, LastPass Authenticator, Authy ou autenticadores do Google ou da Microsoft, por exemplo) ou comprar uma chave de segurança de empresas como YubiKey.

Bom, você decide adicionar uma chave de segurança à sua conta no Twitter. Você já a comprou, e a partir daí o processo é bem fácil. O Twitter vai lhe pedir sua senha em um pop-up e, depois, vai conduzi-la pelos passos para sincronizar sua chave com a conta. Depois de inserir a

---

com o objetivo de angariar informações pessoais, como senhas ou número de documentos, ou infectar os dispositivos com vírus. [N. E.]

chave no computador (ou sincronizá-la no Bluetooth ou por aproximação), toque nela ou pressione um botão sobre a chave, a nomeie, e está feito. O processo inteiro demora cerca de um minuto. O Twitter gera um código de backup para o caso de perder o acesso à sua chave física, mas agora você pode ficar descansada sabendo que está bem protegida de qualquer pessoa que queira lhe criar problemas online. (A 2FA, entretanto, sozinha não é à prova de falhas: indivíduos mal-intencionados podem ainda acessar suas mensagens enquanto são enviadas caso esteja em uma rede Wi-Fi pública e não estiver usando um sistema de e-mail criptografado ou uma rede virtual privada – uma VPN –, sobre a qual falaremos mais adiante.)

Costumo instalar 2FA em todas as contas que posso. Bancos e hospitais sempre exigem 2FA, enviando um código de acesso que você aciona para utilizar os serviços. Em alguns sites, é preciso procurar pela opção, mas vale a pena, em especial para serviços sensíveis como e-mails, plataformas de mídias sociais muito utilizadas ou seu gerenciador de senhas. Para os usuários de Gmail que desejam um pouco mais de paz de espírito, o Google oferece o Programa de Proteção Avançada, que requer autenticação multifator (uma senha e mais duas chaves de segurança) e oferece um pouco mais de suporte e monitoramento do Google. (Sou notificada regularmente de que "hackers patrocinados pelo Estado estão tentando acessar minha conta", por exemplo. É um pouco assustador, mas prefiro saber do que ficar na ignorância.) Se preferir continuar sendo alvo de ataques econômicos ou físicos online em vez de programar um código, lidar com um pop-up no celular ou usar um dispositivo USB, eu não posso ajudá-la.

Comunicações criptografadas

No âmbito das mudanças fáceis que podemos adotar para enfrentar aqueles que desejam nos prejudicar, qualquer um que se preocupe com sua segurança e privacidade online deve tomar cuidado com a forma de se comunicar. Comecei por regular meus hábitos de comunicação online quando estava morando na Ucrânia e viajando por outros lugares conhecidos pela vigilância digital mantida pelo Estado. Queria manter minha comunicação com os amigos, a família e os colaboradores privada e segura. Mas não são somente os Estados que se empenham na vigilância digital; criminosos, ex-parceiros raivosos e pervertidos também fazem isso. Felizmente, a menos que a pessoa na outra ponta da conversa esteja filmando ou gravando suas interações, é simples tornar suas comunicações online bem seguras.

Talvez você já use um aplicativo de envio de mensagens criptografadas, como o WhatsApp. Esses aplicativos são criptografados de ponta a ponta, o que significa que, antes que a mensagem deixe seu celular, ela será transcrita em uma série incompreensível de letras e números (uma cifra) que só pode ser decodificada no aparelho receptor. Se você usar um aplicativo não criptografado como o Facebook Messenger ou SMSs (também conhecido como mensagens de texto) e sofrer vazamento ou hackeamento de dados, o conteúdo de todas as suas mensagens privadas pode ser aberto por qualquer um. Nos apps criptografados de ponta a ponta, ninguém, exceto você, consegue acessar suas mensagens, incluindo o próprio aplicativo e o governo.

Os apps de mensagens encriptadas ainda têm vulnerabilidades; o WhatsApp e o iMessage, por exemplo, salvam automaticamente a conversa dos usuários na nuvem, o que significa que conversas e mídias trocadas nesses apps ficam visíveis para quem tiver acesso ao armazenamento da sua conta na nuvem. Você pode desativar esse recurso nas configurações, mas vai perder seu histórico de conversas se trocar de aparelho. (Na minha opinião, é um preço pequeno a pagar em troca de sua privacidade e paz de espírito.) O Telegram, outro app de mensagens popular, apresenta outro problema: por padrão, as conversas não são criptografadas. Os usuários precisam ativar o recurso se quiserem preservar sua privacidade. O Signal, um app cada vez mais popular, inicialmente desenvolvido para dissidentes em países sob governos autoritários, tem criptografia como padrão, não salva seu histórico de chats e tem opções para ativar o desaparecimento de mensagens em chats individuais. É um app de código aberto, revisto por pares, gerido por uma organização sem fins lucrativos e livre de rastreadores e anúncios encontrados em outros aplicativos, o que explica o motivo de tantas pessoas em situações políticas instáveis se valerem dele para se comunicar.

Situações semelhantes se aplicam ao e-mail. ProtonMail e muitos outros provedores oferecem serviço criptografado de ponta a ponta. A maioria dos provedores convencionais, como o Gmail, lê os e-mails que você manda e garimpa suas conversas à procura de padrões que são usados depois para vender anúncios direcionados. A segurança do Gmail é mais ou menos decente (em especial se usar um gerenciador de senhas e a autenticação multifator e aderir ao Programa de Proteção Avançada do Google), mas os usuários à procura de uma camada extra de privacidade – como jornalistas ou aqueles que atuam em países onde a privacidade não é garantida – devem recorrer a um serviço criptografado de ponta a ponta.

Além desses ajustes, você também deveria considerar o uso de uma conexão de rede privada virtual (*virtual private network*, VPN). Conexões VPN são apps (no celular), plug-ins ou programas (no desktop ou no laptop) que direcionam o seu tráfego na internet para um servidor secundário em outro lugar, algumas vezes em outro país, antes de conectá-la à informação que está procurando. Durante todo o tempo, seus dados estão criptografados. As VPNs não são apenas para quem lida com informações hipersensíveis; ao usar uma VPN, você impede que o seu provedor de internet, o seu chefe, os governantes ou os pervertidos que estejam em redes de Wi-Fi públicas enxerguem sua atividade online. Mesmo que você ache que não teria problema se seu histórico de navegação viesse a público, as VPNs são uma ferramenta útil. O serviço de VPN TunnelBear explica: "Não ter nada a esconder e abdicar da privacidade são duas coisas muito diferentes. Só porque uma pessoa é uma cidadã cumpridora da lei não significa que mantém as cortinas abertas enquanto troca de roupa. A VPN protege seu direito à privacidade daqueles que querem saber seus pensamentos mais íntimos e seus momentos mais pessoais".[5]

Existem muitos serviços de VPN no mercado, mas nenhum dos melhores é grátis. Analistas de tecnologia do portal CNET declaram: "As VPNs seguras custam muito dinheiro para as companhias para serem operadas e manterem a segurança, e as gratuitas são quase sempre vírus espiões à cata de informações".[6] Felizmente, a maioria dos serviços pagos oferece períodos grátis para que possa testar antes de se comprometer. Em meados de 2021, o CNET recomendava ExpressVPN, Surfshark, NordVPN, ProtonVPN (criada pelos mesmos engenheiros da ProtonMail) e a IPVanish como as melhores VPNs.[7]

Em resumo, usar comunicações criptografadas não é mais só para nerds de tecnologia; empregá-las é um investimento relativamente acessível que mantém você e suas informações mais seguras, com menos perturbações no dia a dia.

Serviços antidoxing

É assustador quantas informações pessoais ficam disponíveis online. Todos os dias, corretores de dados online rastreiam a internet para coletar perfis detalhados e vendê-los a qualquer um que queira pagar. Os perfis podem incluir tudo, desde endereço, número de telefone e data do aniversário até informações demográficas detalhadas, sua companhia aérea preferida, problemas de saúde e o tipo de piso da sua casa.[8] Além de ser algo perturbador e assustador, esses serviços fornecem aos perseguidores, trolls e exércitos virtuais uma maneira fácil de fazer da sua vida um inferno por meio do doxing, "a prática de publicar informações pessoais sobre alguém sem seu consentimento".[9] Como explica Sarah Jeong: "O doxing pode arruinar seu crédito e deixar você vulnerável a ameaças mais viscerais, como cartas e pacotes enviados para sua casa, ou, pior, a assaltos".[10] O doxing pode levar ao "SWATing", que ocorre quando um chamado falso de emergência, como um situação que envolva reféns ou uma ameaça de bomba, é dirigido a uma força policial. A polícia em seguida envia uma equipe tática ao endereço-alvo, colocando as pessoas em situação perigosa e potencialmente traumática. Sarah ressalta que "existe um padrão claro e bem documentado do uso de doxing para punir mulheres por se destacarem na internet".[11] Evidentemente isso não é algo que a maioria dos homens deva temer; quando pedi às minhas seguidoras no Twitter para me contarem sobre os eventos que as levaram a aderir a serviços antidoxing, muitos homens perguntaram: "Mas isso realmente existe?".

Felizmente para nós, eles existem. Quem mora nos Estados Unidos pode usar serviços pagos, como o DeleteMe, que farão o serviço sujo de varrer suas informações pessoais da web. (Infelizmente, serviços semelhantes ainda não existem no Reino Unido ou na Europa, em parte por causa de suas leis superiores em relação à privacidade de dados.) Talia Lavin, uma escritora que enfrentou os piores grupos online, inclusive neonazistas e supremacistas brancos, diz que aderir a um serviço como esse é o primeiro conselho a ser dado para quem se preocupa com a possibilidade de sofrer doxing. "Mesmo que esteja sofrendo doxing agora", ela disse à jornalista Lyz Lenz, usar um serviço antidoxing "torna mais difícil encontrarem você no futuro."[12]

Esses serviços não são baratos. Pagam-se algumas centenas de dólares *por ano* para remover suas informações e as de qualquer outro membro da sua família (já que os parentes de quem é alvo muitas vezes também correm risco) dos principais corretores de dados online. Se não puder pagar pelo serviço, o DeleteMe frequentemente faz promoções. Recomendo também que tenha uma conversa séria com seu empregador sobre a necessidade de um serviço desses para todos – em especial para as mulheres, com ênfase naquelas com identidades interseccionais – que participam de discussões públicas. Falaremos mais sobre a mudança de mentalidade do empregador no Capítulo 5.

Você mesma pode pedir aos corretores a remoção do arquivo com todos os seus dados pessoais. O DeleteMe publica manuais gratuitos[13] para ajudar nessa empreitada que vai ocupar muitas horas preciosas da sua vida, já que há perto de duzentos sites desse tipo. Em um mundo onde o ônus de lidar com o assédio e o abuso online recai sobre os alvos, e no qual você já gastou tempo e emoção lidando com essas campanhas em curso, creio que pagar pela segurança é um investimento que vale muito a pena.

Como preservar sua segurança física

Você tem um gerenciador de senhas. Usa a autenticação de dois fatores. Mantém a maior parte de suas comunicações em uma plataforma criptografada. Inscreveu-se preventivamente em um serviço antidoxing. Com certeza criou uma fortaleza inexpugnável, não é? Não. Mesmo se suas informações pessoais forem retiradas dos registros públicos, os caras malvados ainda conseguem reunir uma quantidade assustadora de informações sobre você, seus hábitos, seus endereços, seu bar preferido e seu grupo de amigos simplesmente analisando seu histórico público online.

"Qualquer coisa que retrate um padrão de vida nos deixa vulneráveis a alguém que vai planejar uma ação direcionada", diz Cindy, a ex-agente da CIA e escritora que já conhecemos. Informações aparentemente inofensivas podem ser usadas para rastrear seus movimentos. Se alguém compartilhar que adora comer tapas às terças-feiras com as amigas, estará se colocando em perigo.

Eis como essa informaçãozinha poderia ser combinada com o meu perfil online. Meu perfil de escritora registra que moro "nos arredores de Washington, DC". E um dia tuitei informações sobre vacinas contra o coronavírus e eleições no condado de Arlington, na Virgínia. Ou seja, até mesmo um usuário casual do Twitter pode deduzir que moro ali. O Google informa que há sete restaurantes de tapas em Arlington. Se eu compartilhasse uma foto da minha última saída noturna no Twitter ou no Instagram, ficaria muito fácil para alguém analisar o ambiente, os pratos ou as bebidas que pedimos, cruzar essas informações com a localização, a decoração e os cardápios dos sete locais de tapas de Arlington e aparecer sem ser convidado da próxima vez que eu sair com minhas amigas. É um pensamento assustador. Como a Cindy observa, é uma preocupação constante na hora de decidir quanto da sua vida real compartilhar no mundo virtual. Aqui está o que eu pensaria em evitar:

- **Fotos em tempo real de sua localização.** Está aproveitando o sol de verão em um parque? Espere até sair para então compartilhar uma foto, em especial se for identificar o local. Usar o recurso "amigos próximos" nos stories do Instagram ou criar uma lista de pessoas que conhece e confia de verdade no Facebook são boas formas de satisfazer sua necessidade de compartilhamento e se manter relativamente segura nessas situações. Algumas mulheres optam por bloquear completamente suas contas pessoais nas redes sociais, mantendo-as restritas somente para as pessoas que conhecem na vida real, e não compartilhar detalhes pessoais em fóruns públicos.

- **Fotos da sua casa ou do bairro.** Com o advento do Google Street View, do Google Earth e de outros recursos que mapearam e fotografaram nossa vizinhança até os mínimos detalhes, fotos aparentemente inofensivas na frente de casa podem dar a dica do seu endereço para os caras malvados. Na primeira vez em que morei na Ucrânia, meu apartamento ficava imediatamente atrás da Ópera Nacional da Ucrânia. Postei uma vez uma foto da Ópera refletida na taça de vinho rosé que estava tomando na varanda. Naqueles dias, antes de ter um perfil público significativo, eu não estava (talvez ingenuamente) tão preocupada com as consequências que uma foto podia ter. Hoje, jamais postaria uma foto dessas. Também tomo cuidado com fotos da minha casa e da vizinhança em que a rua, a casa dos vizinhos ou outros pontos de referência estejam visíveis; seria fácil geolocalizá-los. Até árvores podem dar pistas da sua localização (ainda mais quando associadas às migalhas digitais que seu hábito de comer tapas às terças já deixou cair).
- **Fotos da Fifi ou do Floquinho com a plaquinha visível.** O seu animal de estimação tem uma conta no Instagram ou no TikTok, ou talvez eles sejam incrivelmente fofos e você simplesmente quer compartilhar isso com o mundo? Garanta que a plaquinha com seu endereço e telefone não esteja visível, remova-a digitalmente ou, melhor ainda, vire-a para dentro para poder postar sem preocupação.

A advertência em relação à geolocalização se aplica também ao compartilhamento das aventuras ao ar livre de seu animal de estimação.

- **Compartilhamento de informações que poderiam afetar a segurança da conta.** Se você "mencionar sua cidade favorita, sua faculdade ou a marca e o modelo do seu carro", diz Cindy, "você estará fornecendo o login para suas contas e se arrisca a comprometê-las". Se *realmente* resolver compartilhar essas informações, tenha certeza de que não estejam ligadas às perguntas de segurança de suas contas.

- **Muita empolgação por pessoas que conhecer online, especialmente em aplicativos de encontro.** A advogada Erica Johnstone, que representa mulheres vítimas de assédio virtual, frequentemente faz comunicados de interesse público para quem procura amor online: o número de golpes envolvendo romance e confiança – em que trapaceiros atacam pessoas vulneráveis, convencendo-as de que encontraram o amor, e, mais tarde, tiram vantagem delas – está crescendo. Ela recomenda presumir que qualquer pessoa que se conheça num site de encontro está tentando se infiltrar em seu negócio ou na sua família. Mulheres podem sofrer violência sexual ou serem roubadas; às vezes, perdem as economias de uma vida inteira.

Dicas de segurança online durante viagens

As viagens apresentam um conjunto próprio de precauções de segurança, particularmente se você estiver viajando por um país em que a espionagem seja comum, ou as mulheres enfrentem discriminação cultural, religiosa ou apoiada pelo Estado. Se estiver fazendo trabalhos confidenciais ou envolvida em comunicações sigilosas, ou se apenas quiser tomar precauções extras em relação às suas informações e dados pessoais, considere as seguintes medidas de segurança:

- **Avise colegas, empregadores e pessoas próximas sobre atividades ou viagens que vai fazer sozinha.** Diga-lhes quando espera estar de volta ou estabeleça horários para entrar em contato durante viagens mais longas. Providencie para que essas pessoas tenham como entrar em contato umas com as outras em casos de emergência e envie a elas o itinerário completo da viagem, incluindo dados de voo, localização do hotel ou do apartamento, assim como o roteiro de passeios ou visitas que planeje realizar.
- **Registre-se na embaixada do seu país.** O site da maioria das embaixadas tem, dentro da seção de serviços consulares, um formulário para isso. Você vai preencher um formulário indicando as datas da viagem e suas informações de contato. Isso pode parecer bobagem, mas no caso da perda de passaporte, celular, assédio virtual ou real em um país hostil, ou de algo como um surto pandêmico e o fechamento de fronteiras internacionais, você ficará em uma situação melhor se a embaixada souber que está na cidade.
- Tratamos disso há pouco, mas repito que **compartilhar sua localização em tempo real é ainda mais perigoso quando estiver viajando**. Os serviços de segurança e pequenos criminosos podem usar isso para transformá-la em alvo. É melhor esperar

e compartilhar as fotos de paisagens e aventuras quando estiver relaxando na segurança da sua casa.

- Se você lida com informações sigilosas ou trabalha com estratégias confidenciais, **leve e use um celular descartável**. Quando aterrizar no seu destino, mantenha seu aparelho pessoal desconectado da internet e das redes móveis e desative o Bluetooth. Usando uma VPN e comunicações criptografadas, conduza seus negócios no celular descartável, numa rede móvel local ou num Wi-Fi privado. Se precisar se conectar a uma rede Wi-Fi pública, faça com a consciência de que está se colocando em risco. Quando chegar em casa, restaure os padrões de fábrica no seu aparelho.

- Do mesmo modo, **use um sistema de computação em nuvem durante a viagem**. Se seu laptop for apreendido ou roubado, o sistema de armazenamento de dados em nuvem (de preferência, criptografado) dificulta que os ladrões ou agentes de segurança hostis sejam capazes de extrair facilmente documentos do seu equipamento, já que estarão armazenados na nuvem, não no disco rígido do aparelho. Trabalhei durante meses em um chromebook seminovo que custou menos de 200 dólares. Não era nada glamouroso, mas é mais seguro do que a alternativa – seu aparelho personalizado e todos os seus dados roubados, que só serão vistos de novo no contexto de uma investigação sobre desinformação.

- Finalmente, **desative o reconhecimento facial e digital e troque por senhas complexas antes de cruzar a fronteira**. Outro pequeno inconveniente que deixa mais difícil para governos e outros indivíduos acessarem quaisquer que sejam os poucos dados que estejam armazenados nos seus aparelhos.

Com isso e mais as práticas de segurança diárias que você aprendeu no restante deste capítulo, você e seus dados pessoais estarão mais seguros quando estiver viajando.

Se estiver tendo contato com todas essas informações pela primeira vez, assumir sua segurança online pode parecer uma tarefa avassaladora. Felizmente para todas nós, existe uma sensação de "instale e esqueça" em relação a essas práticas. Assim que instalei o gerenciador de senhas, a autenticação multifator e meu serviço antidoxing, eles são executados geralmente em segundo plano enquanto faço meu trabalho. Meus outros hábitos – transferir minhas comunicações para plataformas criptografadas e outras precauções que tomo para proteger minha segurança física – ocupam um pouco mais de atenção diária, mas, agora que estão operacionalizadas, parecem fazer parte da minha vida normal.

Se você estiver começando agora a proteger sua segurança digital, faça uma lista de pequenas mudanças que fará a cada semana ou mês até ter fortalecido sua presença online. Para quem está começando do zero, deve ser mais ou menos assim:

- Instale o gerenciador de senhas;
- Use o gerenciador de senhas para redefinir as senhas de todos os sites importantes;
- Instale a autenticação de dois fatores em todas as suas principais contas;
- Converse com amigos e familiares sobre transferirem a conversa de vocês para plataformas criptografadas;

- Pesquise os serviços antidoxing e decida em qual se inscrever;
- Revise sua presença nas redes sociais e pense quais detalhes um indivíduo mal-intencionado poderia apurar dos hábitos postados; delete posts problemáticos e tome mais cuidado no futuro.

Para Cindy Otis, para mim e para todas as mulheres mencionadas neste livro e muitas outras que têm vida pública, esta é a realidade do nosso comprometimento externo. Essas práticas são encargos com que as mulheres são obrigadas a arcar sem a ajuda de seus empregadores. Infelizmente, não são questões que vão desaparecer com a aprovação de uma lei ou do recomprometimento dentro das plataformas das redes sociais. A causa delas é a misoginia sistemática que enfrentamos no dia a dia. Sim, tomar precauções com sua segurança online é algo bem fácil de fazer, mas essas práticas não são conseguidas sem um custo, tanto psicológico quanto monetário. Nada mais da minha comunicação pública é verdadeiramente espontâneo. Evidentemente, estou desistindo da espontaneidade em função da minha segurança. Reconhecer esse triste fato é a realidade de ser uma mulher online.

TL; DR (para os não iniciados, abreviaturas usadas na internet para *"too long; didn't read"* [muito longo; não li])

1. Use um gerenciador de senhas, de preferência um serviço externo que permita autenticação de dois fatores e possa gerar senhas complexas

para você. Evite usar serviços de autenticação única fornecidos pelas gigantes da internet para logar em sites espalhados por toda a rede.

2. **Instale a autenticação de dois fatores em todas as contas que a aceitem.** Usar um app ou chave de segurança física é mais seguro do que uma mensagem de texto codificada.

3. **Use um serviço de mensagens criptografado e uma VPN**, mas lembre-se: o destinatário das mensagens pode fazer capturas da tela, e os arquivos de mensagens podem ser armazenados na nuvem a menos que você (e seus amigos) proativamente desative(m) esse recurso.

4. **Pense em assinar um serviço antidoxing para limpar informações pessoais publicamente acessíveis** o mais cedo possível, ainda mais se você realizar qualquer tipo de trabalho aberto ao público, especialmente palestras, publicações e comentários na mídia.

5. **Tome cuidado com os detalhes que compartilha online.** A violência virtual pode e vai se tornar real. Não conduza os caras malvados até a sua porta ao compartilhar fotos da sua localização ou detalhes sobre padrões presentes na sua vida.

6. **Tome precauções quando viajar**, especialmente em países com espionagem digital ou se você temer repercussões offline do assédio que sofre online.

2

ADVERSIDADE: COMO ENFRENTAR OS TROLLS

NICOLE PERLROTH DECIDIU sair do Twitter.

Logo depois do lançamento do seu primeiro livro, *This is How They Tell Me the World Ends* [É assim que disseram que o mundo acaba], que detalha o crescimento do mercado de armas cibernéticas, a repórter de segurança cibernética do *New York Times* decidiu que para ela já tinha dado. Atuando em uma área dominada por homens, ela recebia uma quase ininterrupta enxurrada de conteúdos abusivos. Até que veio a gota d'água. "Acho que as pessoas não percebem", Nicole tuitou, frustrada, no final de fevereiro de 2021, "que muitos dos homens que atacam pública e acidamente as jornalistas mulheres depois tentam mandar DMs [mensagens diretas] dizendo 'mas realmente acho você ótima'."[1] Ela incluiu duas capturas de tela no tuíte. Na primeira, um homem a criticava por postar uma citação de Sacha Baron Cohen sobre assédio online, alegando que Nicole se achava "imune ao ridículo". No segundo, em uma mensagem direta educada e conciliadora, o mesmo homem agradecia a ela por escrever sobre segurança cibernética. "O Twitter se tornou uma força tão destrutiva e silenciosa [...] que decidi não ficar aqui por muito mais tempo", ela continuou.[2] Poucos dias depois, ela se afastou da plataforma por um longo período.

Essa reação veio de longos anos. As respostas que Nicole recebe por causa de seu trabalho em segurança cibernética – de uma comunidade muito masculina, muito insular – são geralmente carregadas de figurações de gênero e misoginias, além de insultos. Ela compartilha frequentemente a autoria de artigos com um famoso jornalista que trata de segurança cibernética, David Sanger. Depois de trabalharem juntos na cobertura dos crescentes ataques russos de ransomware* no final de 2020, Nicole comentou com ele que estava "esgotada diante de algumas reações ao nosso relato", ela lembra.[3] "David fez cara de 'Como assim?'. Ele não tinha ideia, não tinha visto nada disso, não tinha recebido nada nesse sentido." Nicole disse: "Me senti como se tivessem me colocado em uma secadora na potência máxima por dois dias". Ao longo dos anos, Nicole recebeu todo tipo de ataque, desde tuítes afirmando que "somos os especialistas e você é uma coitadinha"[4] até mensagens enviadas por homens lhe dizendo que ela era tão feia que seriam obrigados a colocar um saco na cabeça dela antes de estuprá-la.

Quando o livro de Nicole foi publicado, os ataques explodiram. Ela descreve o livro como "a história do mercado

---

* Ransomware é um tipo de golpe virtual que consegue bloquear computadores e sistemas e depois exigir um resgate para desbloqueá-los. [N. E.]

de armas cibernéticas, mas também minha jornada pessoal pelo mercado de armas cibernéticas". Dado o enquadramento personalizado, ela se preparou para o assédio. "Sabia que isso ia acontecer porque foi dirigido para leitores leigos", diz Nicole. "Foi por isso que levei sete anos para escrever esse livro. Sabia que seriam supercríticos. São mesquinhos e são misóginos."

Suas preocupações se confirmaram. "Pessoas que nem ao menos tinham lido o livro tuitavam raivosamente para me dizer que nunca o leriam." O que deveria ter sido um momento positivo na vida de Nicole, de comemoração, tornou-se estressante, entristecedor e assustador. "Ficou fora de controle, realmente pesado", diz Nicole. Em 26 de fevereiro, ela tuitou: "Entrei no Twitter há 13 anos. Agradeço a todos que agregaram valor e graça a esta plataforma, mas ela se tornou uma força destrutiva e silenciosa para muitos, especialmente contra mulheres e minorias, e hoje estou saindo. Sintam-se à vontade para me procurar no LinkedIn ou via NYT".[5]

Nicole se lembra de como essa decisão foi difícil. Ela tentou durante anos a fio engajar-se naquilo que pensava ser uma construção conjunta. Mas o Twitter não era mais um lugar construtivo para ela, nem pessoal nem profissionalmente. Ela também queria frisar que a própria comunidade de segurança cibernética fazia um desserviço quando assediava jornalistas. Nicole ficou muitos meses afastada da plataforma, promovendo seu livro em eventos, preparando-se para a série que iria coproduzir baseada na pesquisa e no relatório que embasaram o livro e continuando a cobrir esse assunto de importância crescente para o *New York Times*, à medida que o início de 2021 via o aumento de ataques a dados e de crimes cibernéticos. Embora o afastamento do Twitter a protegesse de abusos, ela percebeu: "Espera aí. Não posso fazer meu trabalho se não estiver no Twitter. Eu me calei ali, mas tenho coisas importantes a dizer".

Aos poucos, ela voltou para a plataforma, mas observa: "Não quero me comprometer da forma que costumava... Faço isso de maneira menos autêntica. Penso [no Twitter] como um meio para divulgar minhas histórias e monitorar as notícias de última hora". A experiência de Nicole é frustrantemente familiar para muitas mulheres com perfis públicos. Estamos o tempo todo avaliando se vale a pena nos submetermos ao abuso e ao assédio baseados em gênero para cumprir os deveres básicos de nosso trabalho.

Essa matemática é familiar para Van Badham, uma ativista australiana, dramaturga e colunista do *Guardian*. Ela sofreu todas as formas de violência online e offline inspiradas na internet. No dia do funeral do seu pai, um troll anônimo enviou-lhe pornografia abusiva com a legenda "isso é o que seu pai pensava de você".[6] Em 2016, ela era uma das convidadas de um programa australiano de atualidades, *Q and A*. Um dos outros participantes, Steve Price, um comentarista de rádio de direita, lhe disse que estava sendo "histérica" quando ela fez um apelo apaixonado pela desconstrução das normas culturais que tornavam a violência doméstica comum no país – uma em cada seis australianas é vítima de violência doméstica.[7] Falando pelas mulheres de todos os lugares, Van respondeu "provavelmente são meus ovários que me levam a fazer isso, Steve", o que se tornou um meme instantâneo na internet; a hashtag #MyOvariesMadeMe ficou nos trending topics do Twitter australiano.[8]

As mulheres apoiaram a réplica de Van, mas os misóginos da internet entraram em ebulição. "Em poucos dias, recebi milhares de ameaças de morte", ela me contou. "Foi muito pesado, ruim demais. Vinham por todos os canais: Facebook, Twitter, Instagram, e-mail. Cheias de conteúdo sexual também."

Somando-se ao incidente, a vida de Van sofreu o abalo de uma tragédia naquela semana. "Recebi a notícia de que uma das minhas amigas mais próximas tinha morrido em um acidente de carro. Foi um luto terrível, desolador. Foi uma grande lição porque me mostrou que a internet não liga a mínima para o nosso luto. Não dá para postar um aviso e dizer: 'Ei, pessoal, minha amiga acabou de morrer, dá pra vocês pararem, por favor'."

Ela e seu companheiro decidiram tirar férias e se afastar da internet por um tempo para fugir da enxurrada constante de assédio. Não muito depois, durante a viagem, enquanto se recuperava nas Ilhas Phuket, Van recebeu mais notícias devastadoras. "Alguém tinha hackeado minha conta no Twitter e estava tuitando coisas horríveis", inclusive supostas fantasias e preferências sexuais dela. Mais tarde, "descobri que era um garoto de 15 anos da Suécia que estava fazendo isso. Steve Price tinha encontrado apoiadores em algumas comunidades da internet. Aquilo tinha sido coordenado. Eu tinha sido sacrificada 'pelo *lulz*'", Van recorda, usando o termo que a cultura troll cunhou para descrever sua sádica tortura online.

Conforme Van subia de patamar em três campos – ativismo, teatro e comentário político –, o abuso que a confrontava, assim como a seu modo de vida e suas opiniões, só aumentava. Ela diz que as pessoas que tinha bloqueado no Twitter ficaram "obcecadas com uma persona que haviam criado" para ela, que Van chama de "a versão vilã folclórica" de si mesma. "Essa versão de mim – odeio essa pessoa. Realmente tenho problemas quando sou criticada por coisas que não fiz."

O ódio das pessoas pela versão fictícia de Van chegou a pôr em perigo sua segurança física. "Havia um grupo de ódio dedicado a mim", ela diz. "Eles mutilavam fotos do meu rosto e faziam declarações inacreditáveis sobre a minha vida sexual", num só fôlego, ridicularizando sua aparência e lhe negando o direito de reivindicar qualquer outra identidade além da de um ser sexual. Atacada e perseguida na rua, ela foi forçada a solicitar uma ordem de restrição à polícia australiana. Ela avisa aos espaços onde trabalha que sua presença pode atrair indivíduos desagradáveis e criar riscos para a segurança.

A conclusão de Van em relação a essas experiências é objetiva: "Isso é a internet. Ninguém pode nos proteger".

O que os trolls querem?

Nunca me encontrei com Nicole e Van pessoalmente, mas me orgulho de poder chamá-las de amigas. Graças ao Twitter, descobri o trabalho delas e passamos a conversar. Quando estive em meio a algumas das piores experiências de assédio, elas me deram apoio. Quando elas estavam no olho do furacão virtual, eu lhes enviei mensagens de solidariedade. Ambas desenvolveram suas próprias estratégias de autoproteção e autopreservação. Ambas reconhecem que a maior "vitória" para seus abusadores seria elas diminuírem seu engajamento online, protegerem suas contas, pararem de escrever e falar.

Van observa: "Tenho um histórico de ativista. Já paguei minha pena. Fui espancada e algemada pela polícia e rasparam a minha cabeça [...], mas isso agora não significa droga nenhuma porque tenho uma coluna no *Guardian* e mais seguidores no Twitter do que a maioria das pessoas". Na cultura atual da internet, essa notoriedade – e o abuso que a acompanha – pode chocar. "Você pode até achar que não é famosa, mas, se outras pessoas acham isso, você está com problemas." Na opinião dela, o abuso que viveu vem "da ideia bizarra de que umas pessoas têm mais direito de influenciar as outras do que você; se conseguirem te tirar de cena, ou fazer com que se cale, ou lhe provocarem um colapso nervoso, ou matá-la, então eles poderão ocupar aquele espaço". Mas nessa percepção aterrorizante se encontra também outra mais fortalecedora, na opinião de Van. "A única influência que eles têm é sobre você."

Para que não pensemos que esse comportamento possa ser explicado como apenas uma confluência de misóginos em seus porões, a escritora e ativista feminista Soraya Chemaly escreve em *Rage Becomes Her* [A raiva se tornou sua] que essas campanhas são deliberadas e combinadas, particularmente no campo da política: "Imagens sexualizadas de mulheres políticas não é uma diversão 'inofensiva', é estratégia política. As pesquisas mostram que a objetificação sexual mancha a reputação da mulher, degrada a percepção de quem vê sobre sua posição moral e sua competência e, comprovadamente, reduz suas chances de ser eleita".[9] Nicole Perlroth observa que as raízes dessas campanhas são profundas. Elas são o "resultado inevitável da nossa cultura, não personalizando [o abuso]. Despersonalizando-o. Precisamos compreender que não são apenas dinâmicas sexistas em jogo, mas dinâmicas culturais e coletivas". Sim, você leu corretamente: há comunidades inteiras na internet de pessoas dedicadas a silenciar mulheres experientes, que falam abertamente.

Nos silenciar pode ser o que os trolls desejam, mas não devemos estar dispostas a isso para satisfazer a vontade deles. Então, como abrir nosso caminho nesse mundo online cheio de armadilhas maliciosas? Van se lembra com frequência de que o abuso que experimentou "não é um problema a ser resolvido, é uma tensão contínua com que é preciso lidar". Como nós, mulheres na internet e no mundo, lidamos com essa tensão é uma decisão profundamente pessoal. Nenhuma estratégia que equilibre engajamento e segurança será igual à outra. Elas levarão em conta o apoio de amigos, família e empregadores. Serão diferentes para mulheres negras, mulheres trans e mulheres que representem outras comunidades marginalizadas, que são mais prejudicadas na internet do que suas congêneres brancas. O que este capítulo vai fazer – com a ajuda de Nicole e Van – é mostrar os tipos de trolls com que vai se deparar e as abordagens que você pode usar para lidar com a presença deles na sua vida.

Safári de trolls

Um dos fenômenos mais surpreendentes que já presenciei, desde que comecei a aparecer na televisão em 2017, foi a súbita proliferação de homens nas menções do Twitter, no meu e-mail, entre os seguidores no Instagram e no Facebook e nas mensagens diretas. Os mais inofensivos (e, ainda assim, inquietantes e assustadores) simplesmente passam a me acompanhar na plataforma da rede social que preferem depois de uma aparição minha na tevê. Saio do ar e, em poucos minutos, minha conta no Facebook ou no Instagram é inundada por notificações de um homem atrás do outro me encarando por trás de seus avatares depois de clicarem calmamente no botão de seguir. No Twitter, a plataforma mais alinhada com meu trabalho, onde tenho dezenas de milhares de seguidores, eu não ligaria para isso. Mas a ideia de que esses homens buscaram as plataformas pessoais, onde muitas vezes compartilho imagens minhas, e fizeram isso imediatamente depois de me verem na televisão, me dá arrepios. Só consigo pensar em uma única vez em que uma jovem me seguiu no Instagram depois de uma aparição na tevê; ela me enviou uma mensagem dizendo como tinha achado meu comentário inspirador. Os homens, por outro lado, a maioria à espreita, algumas vezes curtindo longas sequências de selfies minhas numa maratona de scrolls e curtidas.

Infelizmente, há muitos internautas que vocalizam mais do que os espreitadores. Ajuda conhecer suas várias roupagens antes de encontrá-los para que não se confunda essa abordagem inicial com qualquer outra coisa que não seja má-fé. Eles irrompem violentamente em suas redes sociais e em sua vida, exigindo sua atenção, apregoando opiniões que acreditam ser indiscutíveis, manifestamente corretas e indispensáveis. "PRESTE ATENÇÃO EM MIM!", eles berram. "MINHA OPINIÃO IMPORTA!" Muito do que leva a esse comportamento, seja ele carregado de insultos misóginos ou redigido em linguagem aparentemente educada, é o que Van Badham chama de "tesão de engajamento" – quando os usuários ficam tão excitados com alguém cuja opinião valorizam que passam dos limites ao importunar, assediar ou ter um comportamento abusivo. É um fenômeno presente majoritariamente em usuários homens, ela diz, em seu modo de se expressar exuberante: "Com certeza eles ficam de pau duro porque você, uma celebridade, está falando com eles. O que significa – óbvio! – que você é, no mínimo, igual ou provavelmente inferior a eles". É difícil dispensar os homens com tesão de engajamento. Se ignorá-los, diz Van, "eles vão continuar a provocá-la, mantendo a conversa e marcando os amigos deles também... Se bloqueá-los, é como lidar com um adolescente que insiste em dizer que tem colhões de aço".

O tesão de engajamento mostra sua cara medonha em qualquer tipo de troll encontrado na internet. Os trolls podem escrever ou atacar de forma diferente, ou serem obcecados por diferentes partes de sua aparência ou imagem, mas, na verdade, o que os motiva é a relação com você. Eles esperam que isso a encoraje a, enfim, calar a boca e abrir espaço para os pensamentos infinitamente mais valiosos deles. Eles terão o selo azul de verificação, as aparições na tevê, artigos assinados. Eles vão amaldiçoar, bloquear e postar provocações, com estardalhaço e desinibição. E, na cabeça deles, a internet vai elogiá-los por causa disso. Suas motivações são repulsivas, mas acho que o humor é um bom antídoto para a repulsa provocada por um troll. Vamos conhecer algumas dessas criaturas.

- **@Prof.Dr.Explicadinho: o comentarista.** Todas as mulheres com presença pública online têm pelo menos um comentarista. A maioria das mulheres tem vários. Se for particularmente azarada, ou especialmente importante, pode ter dezenas ou centenas deles. (Afff!) O @Prof.Dr.Explicadinho é a encarnação deles. É o homem que dá palpite em cada coisinha que você posta, seja a foto do seu café da manhã, seja seu último artigo publicado, sempre forçando a mais tênue conexão para fazer com que o seu conteúdo, a sua vida tenha a ver com ele. "Olha, da próxima vez deixe tostar mais um pouco", ele lhe dá uma aula sobre seu queijo quente, "deveria ficar marrom-dourado." Talvez você tenha curtido uma postagem dele uma vez, há séculos, motivando esse tesão de engajamento. Muitas vezes ele é um sabichão, querendo afirmar sua pseudossuperioridade ao explicar tópicos nos quais você é especialista. Às vezes, ele usa como argumentos os pontos de vista que você já defendeu ou, melhor ainda, menciona artigos que você mesma escreveu em debates com você. Se você compartilha um texto novo que escreveu sobre a ameaça à segurança nacional que a misoginia sistêmica representa, como eu fiz, ele vai comentar: "Na verdade, a China, a Rússia e o Irã usam premissas misóginas em suas campanhas de desinformação". Obrigada, @Prof.Dr.Explicadinho, ó sábia criatura, por abrir meus olhos para os horrores de ser uma mulher online. Eu *jamais* teria conseguido construir a argumentação sobre o que acabei de escrever e publicar em 1.500 palavras sem *você*! Algumas vezes, esses homens têm títulos acadêmicos, e, assim como o @Prof.Dr.Explicadinho, eles não têm medo de recordá-la disso. Professores de Filosofia, Direito e Engenharia, diplomatas de carreira aposentados e empresários, todos comprometidos com um comportamento que só podemos torcer para que não surja em suas salas de aula ou escritórios. (Mas que com certeza aparece.)

- **@Cavalo.Detroia: o sujeito que esconde uma surpresinha.** Como escritora e comentarista, tenho acesso a muitos engajamentos, canais e oportunidades por meio das minhas mensagens diretas nas redes sociais. Deixar minhas DMs abertas é uma necessidade do meu trabalho, embora isso às vezes me exponha a imbecis, propostas românticas e outras atenções e abusos não desejados. De vez em quando, recebo mensagens positivas expressando solidariedade quando posto sobre assédio online, me agradecendo pelo meu trabalho ou me parabenizando por uma publicação recente. Achava essas mensagens um adorável antídoto aos ataques ácidos e ao sexismo do resto da internet, até que encontrei o @Cavalo. Detroia. Sua abordagem inicial é de companheirismo ou admiração. Quando você dá uma resposta informal, "Obrigada, muito obrigada mesmo!", o @Cavalo.Detroia entende que isso significa que a partir de agora vocês são iguais ou amigos. O tesão do engajamento foi ativado. De uma coisa o sujeito tem certeza: você está interessada em ter uma longa conversa com ele. Aqui, a tática dele muda. Ele pode desviar-se para o comportamento do seu colega, o @Prof.Dr.Explicadinho, oferecendo-se para lhe dar aulas. Ele pode lhe fazer perguntas desconcertantes sobre o que você está vestindo ou o que comeu no jantar. Pode lhe enviar mensagens de voz que você tem medo de abrir em razão dos sons inqualificáveis que elas possam conter. Se você tenta delicadamente sair da conversa depois dessa mudança perturbadora, o @Cavalo.Detroia fica hostil, empregando a mesma misoginia que ele até então criticava. Por causa do @Cavalo.Detroia, não respondo mais às mensagens simpáticas que recebo de estranhos. É por isso que não podemos ter coisas boas.

- **@Ze.Acomodado: o homem sem Google.** Há muita gente preguiçosa – homens, em sua maioria – que parece pensar que o objetivo das mulheres na internet não é informar os outros sobre sua área de expertise, analisar notícias ou ampliar seu trabalho, mas, sim, responder a perguntas fúteis relativas a conceitos básicos sobre os quais eles poderiam facilmente se informar de outro jeito. Em vez disso, preferem pedir a você que faça isso. Enquanto pesquisava e escrevia este livro e tuitava meus pensamentos e atualizações relacionados a ele, recebi perguntas deste tipo: "O que é SWATing? O que é um serviço antidoxing?". Se você responder a essas indagações facilmente sanadas pelo Google, o perigo é duplo: o tesão de engajamento do @Ze.Acomodado será recompensado, e você provará a si mesma que é uma enciclopédia humana obediente e adestrada. Ah, se pelo menos os homens como o @Ze.Acomodado tivessem consciência do quanto passam por carentes, infantis e incapazes...
- **VeteranoArrogante1936@hotmail.com: O IDOSO QUE MANDA E-MAILS EM LETRAS MAIÚSCULAS.** ELE NÃO ESTÁ NAS REDES

SOCIAIS, ENTÃO ELE SE DÁ AO TRABALHO DE PROCURAR SEU ENDEREÇO DE E-MAIL DEPOIS DE VÊ-LA NA TEVÊ. ELE NÃO CONCORDA COM O QUE VOCÊ DIZ, EMBORA PAREÇA NÃO TER MUITA CERTEZA SE DISCORDA DO CONTEÚDO EM SI OU PELO FATO DE QUE ISSO ESTÁ SAINDO DE SUA BOQUINHA FEMININA PINTADA COM BATOM VERMELHO!!!! UMA COISA ESTÁ CLARA: VOCÊ, SENHORITA, DÁ MUITA IMPORTÂNCIA A SI MESMA – OU TALVEZ DEVERÍAMOS DIZER À SUA "MINISSAIA!" HA HA HA! SE COMETER O ERRO DE RESPONDER A ELE COM FRIEZA PROFISSIONAL ("Obrigada por entrar em contato, mas minha pesquisa indica o contrário..."), NA ESPERANÇA DE QUE ISSO O FAÇA IR EMBORA, ELE VAI REPLICAR E CHAMÁ-LA DE ARROGANTE. OS E-MAILS DELE NÃO TÊM MAIS DO QUE CINCO PARÁGRAFOS E INCLUEM A LOCALIZAÇÃO DELE, COMO SE ESTIVESSE SE SUBMETENDO AO COMITÊ DE SELEÇÃO DA SUA MENTE.

- **@HomemQueOdeia: ativistas dos direitos do macho, incels, neonazistas e protofascistas.** Tenho uma pasta repleta de abusos que recebo da escória da internet: o homem que berra sobre o flagelo do feminismo e acredita que as mulheres que trabalham, pensam e se manifestam estão perturbando o equilíbrio natural do universo. Nossa principal ocupação, ele afirma, devia ser parir bebês, cuidar deles e estar à disposição de nossos másculos maridos todos os dias desde nove meses depois do nosso primeiro ciclo menstrual até o início da menopausa. O @HomemQueOdeia (que, a propósito, ama compartilhar imagens de mulheres "tradicionais" do pós-guerra em vestido rodados, com anáguas armadas e óculos gatinho e quer viver em um mundo de alegres donas de casa que, em silêncio, abusam do álcool e de tranquilizantes) não pode perder a chance de ridicularizar as marcas do tempo na aparência ou na sexualidade de uma mulher. Vai apontar as rugas ("Aposto que quando você era mais moça era mais bonita, como a minha mulher de 26 anos é agora"), enviar fotos de embalagens de ovos vazias (um lembrete da sua fertilidade decrescente) ou fazer comentários sexuais mais explícitos ("Não me admira o fato de você ser mãe solteira. Seu marido precisou usar uma venda quando a engravidou?"). Ele pode ser membro da comunidade do celibato involuntário ("incel"), acreditar que o feminismo seja o flagelo do século e muitas vezes apoiar crenças políticas ultradireitistas, inclusive ideologias fascistas. Infelizmente, essas tendências se mostram em todo o espectro político, ainda mais quando os homens se sentem desafiados por mulheres mais jovens e capazes que jamais gastariam um minuto sequer pensando na possibilidade de ter algum envolvimento, intelectual ou romântico, com eles.

Uma nota sobre contas fake ou plantadas. Alguma vez você já recebeu pedidos de amizade ou para lhe seguir em plataformas fechadas como Facebook, Instagram ou LinkedIn de pessoas que não conhece e nem sabe se realmente existem? É importante ficar supercuidadosa com essas contas, porque algumas delas podem estar tentando adicioná-la para colher suas informações pessoais para os fins desonestos tratados no capítulo anterior. Você deve se fazer as seguintes perguntas ao avaliar algum desses pedidos:

- Quando a conta foi criada? Se faz pouco tempo, mas ainda assim ostenta muitos seguidores ou conteúdos, pode ser falsa.
- Tem uma imagem de perfil? É exclusiva ou genérica? A busca reversa da imagem leva você à conclusão de que a imagem de perfil foi roubada de outra pessoa? Contas sem imagens de perfil, com fotos genéricas ou fotos roubadas podem não ser autênticas.
- Vocês têm amigos ou seguidores em comum? Se uma pessoa qualquer de um local remoto está, do nada, lhe enviando mensagens, ignore.
- Em geral, se alguma coisa sobre a conta parece estranha, confie em seus instintos e recuse o pedido de amizade. Se a pessoa realmente quiser entrar em contato por motivos inofensivos, ela vai procurá-la e se apresentará.

Como lidar com trolls

O aviso preventivo que toda mulher em meio a um abuso online recebe é "apenas ignore". "Não alimente os trolls", nos dizem, enquanto a pretensa assimetria do nosso rosto é discutida publicamente, nossas rugas e espinhas são realçadas, o tamanho do busto ou o peso, ridicularizados, e nossas imagens mais bonitas e valorizadas na internet são distorcidas e editadas até se tornarem caricaturas hediondas com a intenção de demonstrar que somos inadequadas para a interação humana, e ainda mais para sermos influenciadoras. Costumam me dizer que sou o argumento vivo para revogar a Décima Nona Emenda à Constituição dos Estados Unidos, que deu às mulheres o direito de votar. É por causa de mulheres como eu que existe a Sharia, o conjunto de leis islâmicas, dizem meus trolls. Esse é o tipo de comportamento nos quais os homens se sentem livres para se engajar, enquanto esperam que nos acomodemos e suportemos sorrindo nossa condição. Pior ainda, nos dizem para sermos "uma pessoa superior" e ter empatia por nossos trolls, que devem ter uma vida difícil para agir dessa maneira. Reagir com raiva só vai tornar as coisas piores, nos lembram. Espera-se que as mulheres aguentem níveis astronômicos de abuso apenas para participarem de conversas enquanto lidam com hábitos sociais e limites que não existem para os homens. Quando os homens se deparam com comportamentos online de que não gostam, eles praguejam. Bloqueiam. Eles pronta e abertamente se amontoam e trolam. E o mundo pensa que eles são mais másculos por isso. As mulheres, ao denunciar comportamentos muito piores, ouvem que são "emocionais", "fracas", "exageradas", ou – como Van Badham foi descrita – "histéricas".

"Ficar de boca fechada é uma qualidade feminina", escreve Soraya Chemaly. "Espera-se particularmente que as mulheres não questionem ou envergonhem os homens em público por seu comportamento. Se as mulheres usam suas vozes públicas para tratar de assuntos que vão além de papéis femininos, família e aparência – especialmente se desafiam essas limitações –, podem contar com a hostilidade pública, off e online."[10]

Van Badham concorda. Em um ensaio seu no *Guardian* chamado "Twitter, o país bárbaro, ou como aprendi a amar o botão de bloqueio", ela observa que "As garotas são socializadas 'desde cedo a não promover seus próprios interesses e, em vez disso, se concentrar nas necessidades dos outros', mesmo quando esses outros são hordas de homens anônimos tentando explicar às mulheres o que elas já sabem, desesperados – realmente desesperados – para lançar no vazio aquelas que têm o mesmo gênero de sua mãe".[11] São esses costumes sociais – o modo de educar as garotas desde a infância, o cuidado e a gentileza que são elogiadas pelos colegas de escritório – que nos fazem hesitar em tomar conta de um ambiente online no qual não só existimos, mas desempenhamos um papel crucial. Laura Bates, a fundadora do Everyday Sexism Project, disse a Chemaly que "somos tão socializadas a fim de aceitar esse tratamento que não percebemos que temos o direito de ter raiva naquele momento".[12] Essa raiva, Chemaly argumenta, é um recurso valioso. Os "custos sociais de denunciar o preconceito são altos", ela afirma, "mas, quando as mulheres reconhecem a discriminação e a raiva que isso provoca, esse despertar de consciência resulta em efeitos positivos, como a capacidade de criar estratégias e enfrentar problemas".[13]

Talvez *você* decida simplesmente ignorar o próximo troll que aparecer em suas respostas. Mas há momentos e abordagens em que denunciar maus comportamentos não é somente necessário; pode ser *saudável*, para você e suas seguidoras, fazer sua voz ser ouvida. Há formas de lidar com ataques de trolls e ainda proteger sua marca, sua psique e a si mesma.

Então como devemos abordar o @Prof.Dr.Explicadinho? Lidar com ele requer uma reação diferente à dirigida ao @Cavalo.Detroia ou ao @ HomemQueOdeia? Você é quem decide, mas eis o arsenal que deve ter à mão.

Em prol da sua saúde mental, **não diga nada e siga em frente.** Ao identificar homens-mosquito irritantes na internet, como o @Prof.Dr.Explicadinho e o @Ze.Acomodado, é tentador esmagá-los com uma resposta sarcástica. Você é uma rainha que tem tempo e recursos limitados, e esses homens não valem o gasto de energia. A resposta mais econômica é silenciar (ou deixar de seguir) e ir em frente. Vamos discutir as vantagens estruturais de aderir a essas possibilidades da infraestrutura da plataforma no próximo capítulo, mas, até lá, desfrute da imagem dessas pragas simplesmente zumbindo no vácuo, gritando no vazio, onde não há hospedeiros para seu comportamento parasitário. A melhor parte dessa abordagem é que eles nunca saberão que foram silenciados. Maravilha.

Adote o bloqueativismo. Do mesmo modo, quando alguém se torna desagradável para valer, ele (ou ela) não é digno de ser apenas silenciado: merece estar na cadeia das redes sociais. Precisamos, diz Van Badham, "adotar o bloqueativismo". Os seus perfis nas redes sociais são um reino feminino, não uma democracia, ela me lembra, e (a menos que você seja uma governante estadunidense eleita, caso em que a legalidade dos elementos do bloqueio é um pouco mais delicada) você tem o direito de fazer as regras e bloquear rápida e frequentemente. "Além de bloquear nazistas e defensores de discursos de ódio, agora me permito bloquear os patéticos, os hostis, os desagradáveis, os monomaníacos, até mesmo os meramente enfadonhos"; Van escreveu em seu ensaio no *Guardian*: "Bani dezenas de milhares de contas do meu feed para tornar as redes sociais tão emocionantes quanto tinha imaginado que pudessem ser. Aqui se afirma não apenas o meu direito de selecionar minhas companhias, mas também o retorno aos padrões que eu aplicava para ler os jornais; tinha tempo para ler os editoriais com calma porque tinha pulado as palavras cruzadas e a seção de carros".[14]

Nicole Perlroth também percebeu que bloquear era uma necessidade para voltar a usar as redes sociais. Ela usa uma ferramenta desenvolvida para mulheres chamada Block Party para apoiá-la em seus esforços. É um aplicativo pago que rastreia as menções em seu Twitter, identifica e filtra contas que possam ser abusivas. Depois, você pode entrar no serviço e encontrar as pastas "Trancadas", onde pode bloquear pessoas com base em seu comportamento. Nicole achou essa segmentação extremamente útil. "Eu ativava os controles mais estritos e começava a bloquear qualquer um que estivesse sendo rude", ela conta. "É claro que recebi uma porção de reações por ser 'exagerada', mas realmente ajudou muito." Enquanto redijo este texto, o Block Party só tem interface com o Twitter, embora a CEO Tracy Chou tenha planos de expandi-lo para outras plataformas.[15] O Block Party também permite que você indique um "ajudante" que possa filtrar sua pasta bloqueada a fim de isolá-la de uma nova onda de abuso.

Existem lados negativos de bloquear ou, de forma mais extrema, temporariamente fechar sua conta. Cindy Otis, a ex-agente analista da CIA que conhecemos no capítulo anterior, nunca abre espaço para trolls. "O objetivo de trolar é conseguir que outros ajudem a promover a mensagem deles", ela observa. Ao bloquear e partir para o "lockdown, você está dando [aos trolls] o que eles esperam alcançar." Mas, diz ela, isso não é algo que a incomode. "Para mim, a segurança pessoal é minha maior preocupação quando se trata de trolagem. Eu encorajaria as pessoas a colocarem sua segurança pessoal em primeiro lugar."

No próximo capítulo, mostrarei que bloquear envia um recado importante para os algoritmos das plataformas sociais, ajudando-os a detectar abusos futuros. Por enquanto, lembre-se de que o botão de bloqueio é destinado a protegê-la e restaura um pouco da inviolabilidade à sua vivência nas redes sociais. Você não precisa explicar suas razões ao usá-lo.

Não use o canhão. Vai chegar a hora em que você decidirá reagir a algo abusivo que lhe foi enviado. No momento, pode parecer que a resposta mais lógica, boa e efetiva é identificar e envergonhar publicamente a conta anônima @Fe.Didão que a agride ou persegue. Mas a internet não é lógica ou justa, e essa reação pode provocar um dano à sua reputação e mais trolagem. "Não morda a isca", diz Van Badham. "É isso que eles querem." Especialmente quando você está interagindo com uma conta com poucos seguidores, sem muita relevância e que não está operando sob boa-fé, você pode marcar um ponto, mas também está dando importância a essa pessoa e lhe fornecendo um precioso oxigênio online.

Em certas ocasiões, você pode se sentir invadida por muitos @Fe.Didões. Descartá-los, um a um, com uma declaração sucinta e devastadora é atraente, mas imprevisível. "Existe um retorno psicológico ao esmagar uma mosca", observa Van, "mas para quem está de fora parece que você está usando um canhão para matar um mosquito... É uma estratégia de curto prazo, mas, a longo prazo, torna-se um problema para a sua imagem." Aqui é bom lembrar a trágica narrativa de Daenerys Targaryen, a rainha que cavalgava dragões na série *Game of Thrones*. (Spoilers a seguir.) Daenerys decide saquear a cidade principal depois de suportar anos de exílio, obstáculos e adversidades. No final, essa decisão provoca sua derrocada. Não dê uma de Daenerys.

Entretanto, compreendo *completamente* o desejo de aumentar a consciência sobre o mau comportamento e a incidência de abuso e assédio sofridos pelas mulheres na vida pública. Não existe nada mais frustrante do que ficar parada sem ação, fervendo de raiva, enquanto seus trolls continuam a causar tumulto pela internet afora. Foi por isso que adotei a abordagem que me permite denunciar os abusadores, colocar um holofote sobre suas táticas e manter minha voz e meu modo de agir em vez de ser coagida a me calar.

Negue influência e notoriedade. Vou explicar aqui como fazer isso. Faço uma captura de tela do tuíte, comentário ou e-mail ofensivo. Apago todas as evidências da existência do remetente. As imagens do perfil dele, uma mulher de biquíni ou um Pepe, o Sapo, racista. Eliminadas. Nome de tela idiota incluindo peso e QI? Já era. Handle do Instagram inevitavelmente contendo uma ofensa abusiva? Eliminada. Tudo o que sobra são suas palavras tristes, inseguras, carentes, que então seleciono e compartilho. Minhas seguidoras frequentemente me pedem para revelar quem são esses trolls, mas me recuso. Se quiserem, podem localizar o conteúdo ofensivo com pouco esforço, mas a maioria prefere não perder tempo com isso. De uma só vez, neguei aos meus abusadores a influência e a notoriedade (e o tesão de engajamento) que eles desejavam. Destaquei o quanto o comportamento deles é inaceitável e interrompi o ciclo de combate ao vitríolo que frequentemente explode online. Nem sempre sigo meu próprio conselho – algumas vezes, o desejo de humilhar vence o melhor de mim (afinal, sou humana) –, mas, quando faço isso, percebo que meus trolls parecem desistir e partir pra outra. Gosto de pensar que, talvez, eu os tenha levado a um tempo de introspecção. Sonhar não custa nada, né?

A abordagem da captura de tela também funciona bem quando um perfil individual com muitos seguidores está se comportando de forma repreensível, mas, caso você se envolva diretamente (com um tuíte de citação ou respondendo no Twitter, ou com uma tag ou um comentário no Facebook), vai iniciar uma nova investida de abuso. A menos que alguém "marque como espião" a conta em questão, antagonicamente marcando o perfil dele para alertá-lo da sua animosidade (ou tentando apoiá-la ao marcar a conta com raiva, sem perceber que havia uma razão para você não ter feito isso), é possível ampliar o conhecimento do mau comportamento sem compartilhar o seu tanque de oxigênio com ele.

Ria deles. Um componente-chave da minha autopreservação – uma categoria distinta, mas tão importante quanto preservar sua segurança e marca online – tem sido o humor. Sem a capacidade de rir e de fazer piada sobre os meus abusadores na companhia de outras mulheres que sabem exatamente aquilo por que estou passando (quase sempre em particular, para não atrair mais assédio), eu ficaria assustada e deprimida. Pode ser quase impossível achar alguma graça quando se está no centro de uma infestação online. Mas não há nada tão saboroso do que rir às custas do @HomemQueOdeia e depois relegá-lo à condição de gritar no vazio interminável, ecoando no vácuo enquanto você aperta o botão de bloqueio.

Nicole voltou ao Twitter, ainda que de modo limitado. Ela está determinada a continuar informando sobre os tópicos cruciais da sua luta pela segurança cibernética, mas está frustrada com a falta de ação em favor das mulheres que sofrem assédio online, e se sente impotente. "Não creio que as pessoas entendam a perversidade disso, o quanto isso atinge as mulheres, e é uma situação que não acaba. Não existe uma forma clara para reagir a isso, exceto silenciar, emudecer as contas, bloqueá-las." Mesmo compreendendo isso, Nicole observa que o abuso que ela sofreu "tem, sim, o efeito de fazer alguém se calar, mesmo que essa pessoa seja repórter no *New York Times*".

Van continua a enfrentar as ofensas ligadas a gênero na internet, até avançando no fogo digital enquanto trabalha em seu novo livro sobre a teoria da conspiração QAnon. Recentemente, ela desativou sua conta no Facebook, na qual durante muito tempo manteve tanto páginas profissionais como as "somente para amigos". Depois de outra campanha de trolls contra ela no outono de 2021, ela compreendeu que, como mulher com perfil público, "sua intimidade se torna um ativo que pode ser negociado. Amigos antigos me traíram porque [no Facebook] devaneios seus podem ser selecionados e compartilhados". Mas desativar sua conta no Facebook tornou mais fácil fazer a distinção entre seu eu público e o privado. "Depois que deletei o Facebook, fiquei muito mais feliz. Não sinto o peso social complexo daquela persona íntima. Se quiser trazer uma pessoa para um círculo íntimo, tenho de fazer isso pessoalmente." Deletar o Facebook também levou Van a um novo nível de precaução na sua conta no Twitter, ela diz. "Não dou mais tantas informações pessoais como fazia antes. [Seus seguidores] não são seus amigos. Nem todos a seguem porque gostam de você."

Desde minha própria experiência com trolls nos preparativos para as eleições presidenciais de 2021 nos Estados Unidos, tenho muito menos paciência e me sinto muito feliz ao silenciar e bloquear. Minha primeira reação a um estranho qualquer online não é mais de tolerância; antes de tudo, ele não é confiável. Às vezes, isso me incomoda e lamento que eu e outras mulheres não tenhamos a internet que merecemos. Assim como Van despreza a versão vilã folclórica de si mesma que a internet criou, sei que a figura de agente da CIA loira, burra e desfigurada que a internet alega que sou não tem base na realidade. Não sou nada disso e, o mais importante, não sou uma pessoa ruim. Acabei chegando à minha linha de trabalho – pesquisar a desinformação e o abuso – pelo meu desejo profundo de ajudar as pessoas, para promover mudanças, mas, ainda assim, tenho sido criticada por uma característica inata: meu gênero. As desvantagens que enfrentamos online como mulheres são revoltantes. É por isso que é tão vital que denunciemos esse comportamento – e a infraestrutura que o permite –, de uma forma que se crie consciência ao mesmo tempo em que se preserva nossas segurança e sanidade.

TL; DR

1. **Os trolls variam de simplesmente chatos a aterrorizantes e grotescos.** Alguns comportamentos merecem reação. Muitos merecem apenas ser silenciados ou bloqueados. Não use o canhão.
2. **Os trolls querem sua atenção.** Eles se beneficiam com o seu envolvimento; não morda a isca.
3. **Os trolls querem silenciá-la.** Fazem isso porque acreditam que podem ganhar sua influência (da qual eles se acham infinitamente mais merecedores) assim que você desaparecer. Não deixe que façam isso.
4. **As mulheres são socializadas para serem transigentes, mas seu perfil nas redes sociais não é uma democracia.** Use as ferramentas disponíveis sempre que desejar. Você não deve explicações a ninguém por se proteger.
5. **Este é um problema a ser tratado, não resolvido.** Infelizmente, os trolls não somem nunca. Não podemos controlá-los, mas *podemos* controlar a forma como reagimos.

POLÍTICA: FAÇA ISSO FUNCIONAR PARA VOCÊ

EM 2014, BRIANNA WU foi forçada a sair de casa. Sua carreira bem-sucedida de desenvolvedora de videogames foi interrompida quando se tornou objeto de um fluxo incessante de abuso e ameaças de morte online. A violência on e offline contra ela e duas outras mulheres da indústria de jogos eletrônicos foi tão terrível que inspirou um episódio da conhecida série policial *Law & Order: SVU*. Mas Brianna não recuou: "Estou fazendo tudo que posso para salvar minha vida, exceto ficar calada", ela escreveu cinco meses depois de a explosão do abuso online conhecido como "Gamergate" despejar suas ameaças sobre ela.[1]

Para quem não sabe, o Gamergate foi uma campanha coordenada de assédio contra mulheres da indústria de jogos eletrônicos, tanto as que atuavam na criação como na mídia de games. Brianna foi um dos alvos, e isso durou meses. Usando a hashtag #Gamergate, os abusadores de Brianna apresentaram uma "escolha simples" a ela e a Zoë

Quinn e Anita Sarkeesian – as outras mulheres no centro da campanha. Ou elas paravam de criticar a misoginia da indústria de jogos eletrônicos, ou se veriam diante de abuso e pressão para abandonar a carreira. Apesar de ameaças reais à sua vida, Brianna continuou a fazer denúncias. Por quase uma década, ela tem sido uma defensora incansável de outras mulheres que enfrentam abuso virtual semelhante.

O Gamergate foi uma explosão de abuso misógino bastante chocante e de grande visibilidade; Charlie Warzel, do *New York Times*, acredita que esse fato tenha "mudado a forma de luta online".[2] Mas o sexismo, a discriminação e o assédio virtual a mulheres – em particular a mulheres negras e de outras identidades marginalizadas – não eram novidade na indústria de tecnologia. Algum tempo antes do Gamergate explodir, Adria Richards, uma desenvolvedora de software negra, tuitou sobre sexismo nessa área. Ela expôs dois participantes de uma conferência de desenvolvedores por fazerem piada sobre "grandes dongles" – uma tirada de duplo sentido relacionada aos drives USB (também chamados de dongles) e os órgãos sexuais masculinos – enquanto participavam de um painel sobre encorajamento à diversidade de gênero na tecnologia. Em consequência do tuíte, ela mesmo foi acusada de abuso sexista e, mais tarde, demitida; seu empregador declarou que a decisão de Adria "de tuitar os comentários e a foto de seus autores tinha passado dos limites".[3] Esse não foi um incidente isolado; na mesma ocasião do Donglegate, cada vez mais grupos radicais de fóruns de debate anônimos estavam se passando por feministas negras ou ameaçando-as na internet, tentando manchar a reputação delas e afastá-las do discurso público.

Um ano depois, o Gamergate ganhou as manchetes enquanto as mulheres da indústria de jogos eletrônicos também sofriam assédios constantes e ameaças violentas. Brianna Wu via o abuso e as ameaças se acumularem e ficou ainda mais brava. Os abusadores virtuais "estavam intimidando minhas amigas a abandonarem a área de tecnologia, uma a uma", ela recorda. "Vi homens da indústria não fazerem nada a respeito. Eu tinha discussões terríveis com uma porção [deles], pedindo-lhes para se posicionarem em favor de suas colegas. Parti para a guerra da melhor forma possível porque vi que nenhuma ajuda viria dos homens da nossa área."[4] Ela se manifestou. Foi ameaçada. Registrou queixas na polícia. Reuniu-se com empresas de tecnologia. Colaborou com o FBI e a Casa Branca quando Obama era presidente. E nada mudou. "Gostaria de poder dizer que está melhorando", Brianna escreveu no *New York Times* em 2019. "Não está. O Gamergate gerou um novo tipo de troll, o de celebridades, homens que ganham dinheiro e constroem uma carreira destruindo a reputação de mulheres."[5] Essa destruição atingiu seus entes queridos. Em nossa conversa, ela lembra que "uma amiga tomou a decisão de se recolher à vida privada por medo de que os filhos fossem assassinados". Foram decisões devastadoras como essa que levaram Brianna a seu ativismo. Ela também concorreu a uma cadeira no Congresso estadunidense, anunciando sua candidatura não muito tempo depois que a eleição de 2016 abriu caminho para a era Trump.[6] "O que acho mais triste sobre a experiência que vivi em 2014 é que isso se tornou comum, porque a lei não vai atrás dessas pessoas", ela me diz. Essa falha "tornou possível a cartilha de Donald Trump", Brianna afirma. Se sua candidatura ao Congresso tivesse sido bem-sucedida, ela esperava contribuir com sua experiência pessoal enquanto atuava na Comissão de Ciência, Espaço e Tecnologia da Câmara dos Representantes. Em vez disso, ela criou um comitê de ação política e continua a advogar em favor das comunidades marginalizadas e do direito à privacidade online.

Desde a época em que o Gamergate mudou sua vida, Brianna aprendeu a lidar com trolls e abusadores de um modo melhor do que a maioria de nós, quem sabe, vá precisar lidar. A coisa mais importante que ela aprendeu? "A melhor forma de derrotá-los é jogar de acordo com as regras das plataformas. Está na hora de discutir todas as ferramentas disponíveis nas redes sociais mais populares, usá-las para tornar a experiência virtual das mulheres mais segura e agradável e ensiná-las a reunir provas caso decidam levar seu caso para além do sistema da mídia social."

Prepare-se para silenciar, bloquear e denunciar: vamos neutralizar alguns trolls.

Antes de chegar nos detalhes das políticas das redes sociais, é importante compreender que desvendá-las pode realmente ajudar. Conhecer os termos e as ferramentas disponíveis foi vital quando Leta Hong Fincher, jornalista e pesquisadora especializada em feminismo na China contemporânea, foi bombardeada no Twitter com assédios sexuais depois de criticar casamentos forçados em Xinjiang no verão de 2020. Ela diz que foi como se "o furor de um tsunami estivesse passando por cima" dela.[7] "Havia pessoas me dirigindo uma infinidade de xingamentos e insultos misóginos... Houve gente ameaçando com estupro coletivo e fazendo referências aos meus filhos", ela se lembra.[8] Os abusadores de Leta criaram inúmeros perfis falsos se passando por ela. Seus trolls foram até outras plataformas também, incluindo a página de Leta na Amazon, onde deixaram avaliações não verificadas dos livros dela. Em geral, Leta bloquearia essas contas abusivas sem pensar duas vezes, mas, nessas circunstâncias, "havia tantas contas diferentes me atacando ao mesmo tempo que eu simplesmente não conseguiria identificar todas". Ela se perguntou, retoricamente, no Twitter: "É de se admirar que a maioria das mulheres prefira não denunciar os assédios publicamente?".[9]

Ela atribui ao Twitter o crédito por *alguma* reação; como explicarei melhor mais adiante, depois de uma troca de e-mails com um funcionário e uma campanha de conscientização pública conduzida pela Coalition for Women in Journalism [Coalizão para Mulheres no Jornalismo], a plataforma começou a agir contra parte dos abusos e protegeu a conta de Leta contra futuros impostores. Mas as mulheres sem o perfil, os recursos ou a vontade de expor evidências de abuso podem não alcançar tal resultado. "Sei que o Twitter respondeu às minhas queixas bem prontamente em comparação com as de muitas outras pessoas, e acho que isso tem a ver com as pessoas que conheço. Fui direcionada à pessoa certa no Twitter para lidar com minha reclamação, uma condição que a maioria das pessoas não teria", diz Leta.

Sempre que vejo um conteúdo em qualquer plataforma que possa violar os termos de uso, eu denuncio. Em geral, essas denúncias desaparecem no vácuo; quando as plataformas *enfim* me dão uma resposta, em geral é para me dizer algo parecido com "Sentimos muito, mas não encontramos violação dos termos de uso" na ameaça de estupro que você recebeu. (Ao que parece, eles não acreditam que "vou pôr um saco na sua cabeça antes de estuprar você" seja assédio direcionado.) Integrantes de grupos de discussão que conduzi relataram experiências frustrantes semelhantes. Então, quando revi as respostas que o Twitter deu a Leta no período da campanha feita contra ela, fiquei admirada ao ver quantos conteúdos tinham sido removidos e quantas contas suspensas ou completamente encerradas. Isso se liga ao conselho de Brianna Wu: "Leia os termos de uso da plataforma em que estiver sendo assediada". No Twitter, por exemplo, que tem políticas explícitas contra assédio direcionado a pessoas trans e o uso de seus nomes mortos, quando essas ações são denunciadas, as postagens são removidas imediatamente. "Leia os termos de uso e entenda quando você tem direitos inquestionáveis", diz Brianna.

Infelizmente, poucas mulheres têm tempo, recursos ou condições de denunciar conteúdos das redes sociais. Proteger-se é um privilégio. Leta disse que o processo foi exaustivo. A socióloga Sarah Sobieraj, que documentou o impacto da misoginia online em seus alvos em *Credible Threat* [Ameaça crível], escreve em seu livro: "Horas e dias foram perdidos verificando comentários, tuítes e mensagens. Muitas mulheres investiram tempo documentando os abusos. Organizaram as capturas de tela, imprimiram e arquivaram todo o material e trabalharam para reunir uma documentação em papel a pedido da polícia ou de empregadores – ou simplesmente para ter provas à mão no caso de agravamento. Recorrer aos tribunais, preencher relatórios, bloquear e denunciar – todas essas estratégias consomem tempo".[10]

Entender a política de uso e usá-la a seu favor pode ser uma empreitada trabalhosa, consumir tempo e ser muito frustrante, mas, para quem tem recursos e energia, isso faz parte de ser uma boa cidadá digital e de sua proteção. A partir dessa documentação, pressione as plataformas de redes sociais para que reajam ao assédio sexual e de gênero, diante do crescimento do abuso e da desinformação online de modo geral. Em julho de 2021, Facebook, Twitter, TikTok e Google se comprometeram a proteger as mulheres em suas plataformas.[11] Além de dar atenção a esse assunto específico em uma política de uso, pense que os termos de serviço mudam com frequência. Nesta seção, vou mostrar os recursos existentes para melhorar sua experiência online nas principais plataformas. Mas atenção: é importante manter-se atualizada sobre eles. (Para ajudá-la a fazer isso, existe um link para uma tabela que traz as medidas e funções básicas das plataformas na seção de ferramentas no final deste livro.) Eles podem mudar – ou, esperamos, melhorar! – no futuro.

Silenciar, bloquear e denunciar

Como aprendemos com Van Badham no Capítulo 2, sua timeline e seu feed são os seus reinos, não uma democracia. Você deve adotar o bloqueativismo para tornar seu ambiente online um lugar mais prazeroso. No Twitter, existe também a opção de silenciar pessoas. É uma forma excelente de dar o troco nos sujeitos menos agressivos, que nunca vão saber que você os silenciou, e você nunca mais verá o conteúdo deles, a menos que escolha fazer isso. Os piores entre os piores, entretanto, merecem ser bloqueados, não apenas para preservar sua sanidade, mas também para enviar um recado importante para as plataformas. Esses abusadores podem ficar chateados por não poderem mais te contatar. Em alguns casos, bloquear pode gerar mais assédio se o troll banido compartilhar que foi bloqueado e incentivar os seguidores dele a preencherem essa ausência. Mas eles *também* podem ser bloqueados. Vale a pena correr o risco dessas consequências e resistir, porque se trata de mais do que simplesmente tornar sua experiência na rede social mais suportável, mas também de indicar para as plataformas os abusadores seriais e as contas que merecem mais atenção das equipes de moderação de conteúdo. Como a Brianna diz, "se a pessoa tem 14 seguidores e está sempre sendo bloqueada por aqueles com quem interage, isso sinaliza [para as plataformas] que ela não tem boas intenções". Isso também vai afetar os filtros de algumas plataformas em relação a abusos futuros. No Twitter, quando comecei a silenciar e bloquear mais amplamente, o teor dos comentários aos meus posts mudou; a plataforma deixou de me mostrar respostas de "má qualidade" com base no meu comportamento de silenciar e bloquear, incluindo aí conteúdos com palavrões ou vindos de contas com poucos seguidores. Você pode bloquear um por um ou, como indiquei no capítulo passado, usar ferramentas como o Block Party para ajudar na sua cruzada pelo banimento de trolls.

O Facebook não oferece o silenciamento entre suas ferramentas; se a conta do ofensor não estiver em sua lista de "amigos", você só tem a escolha de ou bloquear ou denunciar o conteúdo ofensivo ou sua conta. (O Facebook *tem* uma função "deixar de seguir" que lhe permite parar de ver os posts de alguém, mas vocês continuam amigos. Entretanto, espero sinceramente que, se um "amigo" estiver abusando de você, você o remova da lista de amizades sem pensar duas vezes.) Do mesmo modo, o TikTok permite bloquear e denunciar, mas não de silenciar contas individuais. O YouTube permite aos usuários denunciar contas ofensivas, escondê-las do seu canal e remover comentários individuais. Já o Instagram permite "restringir" uma conta – com isso, os comentários abusivos só são visíveis para quem os postou –, além de contar com as funções típicas de bloquear e denunciar. Ao denunciar conteúdos específicos, é crucial estar familiarizada com os termos de serviço, os padrões de comunidade, as orientações e regras de cada plataforma. Durante o processo de denúncia, a plataforma vai lhe pedir para escolher em que aspecto dos termos de uso – por exemplo, assédio direcionado – o tal conteúdo ou conta se encaixa. Algumas plataformas permitem que você descreva a situação para dar mais contexto ao que está sendo denunciado; o TikTok permite enviar capturas de tela. Mas nenhuma documentação vai trazer consequências para os abusadores ou alívio para você caso o conteúdo ofensivo seja encaminhado para o moderador errado. Como já mencionei, a seção de ferramentas no final do livro traz um documento destacando a política de cada plataforma; use-a para aprender como as plataformas definem os comportamentos que você está denunciando. Esse entendimento também pode ser usado na busca por apoio público e em campanhas de conscientização, para interagir com os representantes das plataformas e cobrar destas uma atitude, como discutiremos na próxima seção.

Outras funções para tornar as redes sociais menos terríveis

Quer esteja no meio de uma campanha de trolagem ou apenas não queira lidar com sujeitos inconvenientes nem por mais um só minuto, você deve explorar as redes sociais e tirar vantagem das funções que controlam quem tem acesso à sua preciosa energia mental e emocional.

Twitter

O Twitter tem uma variedade de ferramentas úteis para proteger sua segurança e sua sanidade. Em suas configurações de privacidade e segurança, por exemplo, você pode decidir quem pode marcar você em fotos, quem pode enviar mensagens diretas e se aqueles que têm informações pessoais suas como o número de seu celular podem encontrá-la no Twitter (o que ajuda se quiser permanecer no anonimato). Pode também silenciar certas palavras-chave e ver as contas que você silenciou e bloqueou.

Talvez o ajuste mais importante seja a capacidade de controlar quando o Twitter lhe envia uma notificação. Você pode pausar notificações de pessoas que não a seguem, que têm contas novas, cujos perfis exibem uma imagem genérica, ou quem não confirmou número de telefone e e-mail.

Estas funções eliminam muitos indivíduos de má-fé por trás de contas com perfis falsos. Eles ainda podem postar um monte de bobagem, mas você não será notificada todas as vezes que isso acontecer. Do mesmo modo, pode escolher ativar um "filtro de qualidade" que vai, segundo o Twitter, "filtrar tuítes duplicados ou robotizados".[12] Enfim, ao escrever e enviar tuítes, você pode decidir quem pode responder: todo mundo, pessoas que você segue ou pessoas que tenha mencionado. Se as respostas aos seus tuítes forem ofensivas, agressivas ou, no mínimo, irritantes (lembre-se de que sua timeline é seu reino!), você pode optar por "escondê-las", e o conteúdo será enviado para o final da lista de respostas e será coberto por uma declaração que diz "esta resposta foi ocultada pelo autor original do tuíte".[13]

Além disso, o Twitter começou a testar o "Modo Seguro" em setembro de 2021. Quando ativada, a função "bloqueia temporariamente contas por sete dias por usarem linguagem potencialmente nociva – como xingamentos ou discurso de ódio – ou por enviarem respostas ou menções repetitivas e indesejáveis".[14] Embora não puna os abusadores, essa função alivia um pouco o clima de tempestade de abusos.

Facebook

As configurações de privacidade do Facebook, embora detalhadas, são muito complexas de se entender. A empresa criou uma função de "checkup de privacidade" que a leva até quem consegue ver o que você compartilha, diz como manter sua conta segura, como as pessoas acham você na plataforma, suas configurações de dados e seus anúncios preferidos.[15] Uma ferramenta útil entre tantas que o Facebook oferece é a opção de "Limitar posts antigos". Se estiver em meio a uma campanha de assédio e os trolls começarem a atacar posts públicos antigos no seu perfil, você pode ativar essa função para mudar todos os seus posts públicos ou "Amigos de amigos" para "Só amigos". O mesmo menu de configurações dá ao usuário a capacidade de controlar quem pode enviar mensagens e para onde as mensagens de determinados grupos devem ser encaminhadas – seja para uma pasta principal de mensagens ou para uma pasta de "Solicitação de mensagem". No menu de "Perfil e marcação", o Facebook permite que você controle quem pode marcá-la e silencie determinadas palavras-chave. No menu "Localização", você pode desativar seu histórico de localização em celulares (o que recomendo que faça, não apenas para se manter segura, mas também para garantir que as propagandas online que os algoritmos direcionam a você sejam menos assustadoras). Os jornalistas podem se cadastrar para se beneficiar dos "Recursos jornalísticos", que incluem medidas de segurança mais fortes, como "Proteção especial contra assédio e hackeamento".[16] Páginas oficiais e de campanhas políticas também podem requerer proteções semelhantes.

Instagram e TikTok

O Instagram permite aos usuários o controle detalhado de quem pode ver e interagir com seu conteúdo, assim como quais notificações receber. Nas configurações de privacidade, a plataforma permite a você que decida quem pode comentar em suas fotos – todo mundo, pessoas que você segue, pessoas que a seguem ou ambas as opções – e bloquear comentários de determinados indivíduos. Você pode também ocultar comentários ofensivos e acionar um filtro manual que ocultará comentários contendo palavras ou frases que você escolher. O Instagram lhe dá o controle sobre quem pode mencionar e marcar você em posts e a opção de aprovar essas marcações, além de permitir ocultar o número de visualizações do seu conteúdo caso esteja se sentindo um pouco obcecada com "fazer isso só para postar no 'insta'" ou, mais melancolicamente, se estiver em meio a uma campanha de assédio e não quiser saber quantas criaturas estiveram olhando seu conteúdo. Como no Twitter, o Instagram permite silenciar notificações de pessoas que não a seguem. Como dissemos antes, o Instagram também tem a função "Restringir", que direciona as mensagens de contas que você não conhece para a pasta "Solicitações", ocultando dessas pessoas seu status online e confirmações de leitura, além de pedir sua aprovação para comentários públicos em seus posts. O Instagram também criou uma função "Palavras nocivas", permitindo aos usuários silenciar determinadas palavras, assim como ocultar comentários e solicitações de mensagem.

O TikTok oferece muitas das mesmas funções do Instagram, também abrigadas no menu de "Configurações de privacidade". Além disso, você pode controlar: quem pode baixar seus vídeos e criar duetos ou links entre eles (embora isso não impeça as pessoas de gravarem o seu conteúdo com aplicativos de terceiros); quem pode comentar em seus vídeos; e quem pode ver as contas que você segue e os vídeos que curtiu.

YouTube

Os controles do YouTube não são tão robustos como os de outras plataformas. Os criadores podem optar por manter os vídeos privados ou não listados, assim como por desativar os comentários. A plataforma oferece algum controle sobre quem pode comentar em um vídeo e com que palavras; os criadores podem remover comentários e respostas, sinalizar conteúdo para o YouTube ou indicar comentários inapropriados para serem avaliados. Infelizmente, mais do que nas outras plataformas, os próprios usuários do YouTube carregam a maior parte do fardo de se proteger e tornar a plataforma um lugar agradável para se dedicar ao discurso público.

Gmail e outros serviços de e-mail

Nos dias que se seguiram ao ataque de 6 de janeiro ao Capitólio, fui citada no *LA Times* e depois recebi uma mensagem agressiva no meu e-mail de trabalho enviada de um endereço de Gmail. Entre outros insultos, o homem (cuja violência começava já no endereço de e-mail) disse: "Você parece estar ansiando por uma guerra civil, e pode conseguir o que deseja. Boa sorte de merda com isso". Fiquei alarmada, ainda mais quando descobri que esse homem tinha assediado outros analistas, estudiosos e jornalistas cujas matérias apareciam no *LA Times*. Como boa cidadã da internet, quis denunciar o conteúdo para o Gmail. Na ocasião, não havia opção a não ser denunciar a mensagem como spam. Desde então, o Google tem atualizado suas políticas para incluir o assédio.[17]

Receber e-mails de assédio infelizmente faz parte da rotina profissional de muitas mulheres, mas, quando eles se tornam ameaçadores ou violentos, não devemos facilitar. Sejam eles enviados pelo Gmail, seja por outros provedores, denuncie as contas que exibem tal comportamento. É meio como enxugar gelo, mas pode fazer com que essas contas e essas pessoas sejam excluídas dos serviços. Por outro lado, para se proteger de e-mails indesejáveis, você pode criar filtros para mensagens que contenham determinadas palavras-chave ou sejam enviadas por certos remetentes, ou aquelas que venham de fora da sua empresa ou lista de contatos, e direcioná-las para uma pasta específica ou direto para a lixeira. Se você trabalha para uma organização com bons recursos e que possa designar alguém para organizar os seus e-mails, triando ou deletando mensagens abusivas, é outra forma de lidar com o problema. Infelizmente, a maioria de nós – especialmente as freelancers – não temos acesso a esse tipo de luxo. Uma dica que fica à margem da política da plataforma, mas é crucial para nossa sanidade e que gostaria de ter aprendido quando comecei minha carreira como freelance: se você é autônoma, separe seu e-mail do trabalho do seu e-mail pessoal! Pode parecer um passo desnecessário e moroso considerando que seus contatos já estão armazenados no seu e-mail pessoal, mas fica mais fácil separar as coisas e te isolar do abuso relacionado ao trabalho depois do expediente e nos fins de semana (presumindo que você desative as notificações nessas ocasiões).

Apoio público e campanhas de solidariedade

Embora as experiências de Brianna e Leta com a misoginia online tenham acontecido com sete anos de intervalo e dentro de comunidades muito diferentes, ambas avaliaram que era necessário construir apoio público e solidário a partir das campanhas de que foram alvo. Elas entenderam que, assim, não só as pessoas estariam mais presentes diante de futuros abusos – que aconteceram, porque, afinal de contas, estamos falando da internet – como isso poderia melhorar a situação para as mulheres que viessem a se tornar alvos.

Brianna imediatamente começou a tuitar, falar e escrever sobre suas experiências. Foi objeto de reportagens no *Guardian* e no *Washington Post*, entrevistada no telejornal da *PBS NewsHour* e mencionada com destaque em muitas publicações da indústria tecnológica – para enumerar apenas uma fração da mídia que Brianna mobilizou nos dias seguintes a ter sido obrigada a sair de casa. No *NewsHour*, ela parecia exausta e disse ao entrevistador: "Foi a pior coisa que já sofri em toda a minha vida... A ideia é aterrorizar as mulheres da indústria dos jogos eletrônicos".[18] Seu pedido apaixonado por mudanças na sua área de atuação alcançou um público que talvez jamais tivesse ouvido falar do Gamergate ou reconhecido o sexismo na indústria ou contra as mulheres online. Brianna também adotou alguns comportamentos dos quais se arrepende: "Não sinto orgulho de tudo o que fiz durante o Gamergate", ela me diz, "mas, olhando para trás, posso dizer que tentei de tudo". Na ocasião, ela antagonizou alguns de seus abusadores, mas não recomenda esse comportamento. "Não acredito em retribuir o assédio ou incitar seus seguidores contra eles. Cheguei à conclusão de que não é ético proceder assim." Ela diz que sua nova abordagem é cuidar de sua segurança pessoal e endireitar as coisas o mais rápido possível: "O que faço é bloquear sem dó. Escolho um conteúdo que tem muitas respostas e revelo a verdade para que todos possam vê-la. A maioria das pessoas sabe o que é assédio, elas vão enxergá-lo e dar a você o benefício da dúvida".

Leta Hong Fincher adotou uma abordagem um pouco diferente. Além de bloquear e denunciar o conteúdo, ela chamou a atenção para os ataques misóginos na sua timeline no Twitter, mobilizando seus seguidores para que fizessem a mesma coisa. A campanha no Twitter levou à publicação de uma carta de apoio da Coalition for Women in Journalism. "As jornalistas não serão intimidadas e silenciadas pelos esforços coletivos dos trolls. Sabemos da necessidade de crítica para o aprimoramento das sociedades", a Coalition escreveu.[19] Toda essa ação culminou na remoção pelo próprio Twitter de muitos dos ataques e na verificação da conta de Leta. Sua campanha não aconteceu sem algumas repercussões negativas; em respostas a tuítes da Coalition e da conta da própria Leta, usuários continuaram a atacá-la, embora os ataques misóginos constantes tenham cessado.

A discussão sobre trolagem e doxing chegou ao Kiwi Farms – um site que perpetrou campanhas de assédio ligadas a muitos suicídios –, que fez uma thread sobre Leta, criticando sua aparência assim como sua etnia e origem familiar. Isso serve para lembrar que enquanto boa parte do foco sobre assédio online é dirigido para as plataformas das principais redes sociais, o pior abuso é cometido nos cantos escuros da internet, sem o controle sequer dos mais inexpressivos termos de serviço que regulam grandes plataformas como Facebook e Twitter.

Se decidir abrir o jogo sobre os abusos, apesar do perigo potencial de inspirar uma nova onda de ataques, o apoio público e as campanhas de solidariedade podem ser incrivelmente úteis, além de fortalecedores. Essas coisas nos fazem sentir que não estamos sozinhas. Tais ações também fornecem dados importantes para as plataformas, permitindo que removam contas e grupos envolvidos em assédios, e impulsionam mudanças progressivas para outras mulheres online.

No próximo capítulo, trataremos da importância da criação de uma comunidade (abrangendo colegas, amigos, familiares e empregadores) que pode apoiá-la nesses momentos; ela deve ser seu primeiro recurso quando você estiver sob ataque. Os membros dessa comunidade podem lhe enviar mensagens de apoio ou pressionar publicamente as plataformas para que tomem uma atitude, e também estarão por perto quando você precisar de um ombro amigo. Além desse círculo mais próximo de solidariedade, considere acionar grupos de interesse comum, sindicatos, associações de ex-alunos e outras entidades públicas com que esteja envolvida. Eles podem postar apelos pedindo ação que vão ampliar a conscientização sobre a prevalência do ódio de gênero online; tais campanhas funcionam ainda melhor quando as organizações também representam homens.

Se você não tem contatos nas empresas de mídia social, procure uma indicação nessas organizações e nos seus círculos mais próximos. Muitas vezes, a melhor forma de conseguir alguma ação sobre o conteúdo que está claramente violando os termos de serviço de uma plataforma é mostrar isso para uma pessoa de verdade o mais rápido possível. Mesmo se uma amiga conhecer alguém no departamento "errado" de uma das plataformas, muitas vezes aquela pessoa poderá encaminhar sua denúncia aos colegas "certos" mais rapidamente do que o processo de denúncia oficial faria. (Enquanto escrevia este capítulo, denunciei duas contas que se faziam passar por conhecidos para um amigo que trabalha em uma grande plataforma. Ambas foram canceladas poucas horas depois da minha comunicação. Antes disso, ajudei amigas a recuperarem contas hackeadas e até participei dos esforços para conseguir o selo de verificação para o recém-eleito presidente da Ucrânia quando muitas contas de impostores circulavam online nos dias seguintes à eleição de 2019. Conexões pessoais são importantes. Reconheço que tenho a felicidade e o privilégio de tê-las. Se você lança um pedido de ajuda, eu e muitas outras como eu faremos tudo o que pudermos para ativar essas conexões. Existem também muitas organizações com disque-denúncias na seção de ferramentas deste livro.)

Enfim, as campanhas públicas de apoio – sejam apenas postagens pessoais, sejam esforços maiores e mais coordenados – levam à ação: das plataformas, na remoção do conteúdo ofensivo; das comunidades, que podem fornecer isolamento dos ataques mais abusivos; dos observadores, dos quais se espera que se sintam motivados a agir, denunciando e expondo esses comportamentos nocivos e discriminatórios.

Como montar a sua ação: aplicação da lei

Vou começar com uma simples, mas importante declaração: não sou advogada, nem jamais preenchi um boletim de ocorrência ou procurei aconselhamento legal para o abuso online cometido diretamente contra mim. Dois livros excelentes – *Hate Crimes in Cyberspace* [Crimes de ódio no ciberespaço], de Danielle Citron, e *Nobody's Victim* [Vítima de ninguém], de Carrie Goldberg – contribuíram para o meu conhecimento sobre o processo legal em torno de casos de assédio, perseguição cibernética, pornografia de vingança e outros ataques piores online. As autoras – ambas advogadas – expuseram o quanto o sistema legal estadunidense é inadequado para dar uma resposta aos desafios que as mulheres enfrentam online. (Em comparação, a Inglaterra tem um "Malicious Communications Act [Lei para Comunicações Maliciosas], que, entre outras coisas, criminaliza a trolagem causadora de 'angústia e ansiedade'".[20]) Carrie lidou com muitos casos de clientes que pediram a ajuda de órgãos legais, os quais, em geral, não estavam a par de ameaças de violência online e, ainda que estivessem, eram mal preparados para lidar com isso. Quando Allison Henderson – alvo de um praticante de SWATing serial, que constantemente denunciava falsas ameaças a fim de enviar equipes da SWAT à casa dela e ao seu local de trabalho – tentou explicar sua situação na polícia, "eles ficaram completamente perdidos diante da ideia de um estranho nos assediar pela internet. É como estar se afogando e a pessoa ao lado não entender o que é água".[21]

Você pode deixar as coisas um pouco mais fáceis se preparar suas provas antes de procurar a polícia ou um advogado. "Documentar e salvar o assédio enviado a você por Twitter, Facebook, e-mail e outras redes sociais pode se mostrar útil, em especial se resolver processar o abusador e/ou denunciá-lo à polícia", ensinam Anita Sarkeesian (do escândalo Gamergate), Jaclyn Friedman e Renee Bracey Sherman.[22] "Embora as autoridades possam não estar familiarizadas com algumas redes sociais, o recomendado é que as vítimas denunciem o assédio diretamente à polícia, para que, assim, exista um registro datado do abuso." Você pode fazer isso por captura de tela do conteúdo ofensivo e salvá-la no seu aparelho. Tente incluir o máximo de informações possível em sua captura de tela (plataforma, nome do usuário, hora, data e engajamentos) e, se tiver tempo e energia, arquive-a no arquivo virtual Wayback Machine (https://web.archive. org/), inserindo o link específico do tuíte ou post na função "Save page now". Estes passos podem ser um pouco demorados, em especial se for catalogar muitos conteúdos ou fizer isso em diversos aparelhos. Entretanto, é provavelmente a melhor forma para um usuário mediano de internet lidar com ameaças intermitentes ou transitórias.

Se tiver um problema mais sério e recursos para investir, existe um app (ou dois) para isso. Hunchly é uma extensão de navegador que funciona em segundo plano enquanto você usa a internet, capturando a tela de todas as páginas que visita e salvando uma trilha de auditoria.

Isso inclui, também, cada dado forense de um site. Voltado para a polícia, detetives particulares e jornalistas, Hunchly é um ótimo investimento para quem está sofrendo abuso constante. Outro serviço similar, o Page Vault, tem um preço mais alto e é destinado a advogados que precisam de provas virtuais que sejam admissíveis em juízo.

Isto não responde à pergunta sobre em que momento denunciar à polícia o abuso que se está sofrendo ou procurar por representação legal. Essas são decisões intrinsicamente pessoais que não posso tomar por você e que vão variar conforme as circunstâncias da sua vida e das leis na sua jurisdição. Mas reflita sobre o que Danielle Citron diz: "São poucas as mulheres que denunciam o assédio cibernético porque acham que não é importante o suficiente, que a polícia não vai ajudá-las, que não vão levá-las a sério ou, até, vão culpá-las".[23] Mas ela argumenta que, dadas as deficiências do sistema legal, "deveríamos denunciar sempre que tivermos recursos – humano, emocional, monetário e de tempo – para fazer isso". É um passo importante para a desnormalização do tratamento das mulheres online: "Há apenas quarenta anos, o assédio sexual no ambiente de trabalho e a violência doméstica em casa eram vistos como práticas normais com que as pessoas tinham de lidar sozinhas".[24] Se continuarmos a exigir soluções – não apenas das redes sociais, mas dos governos –, a política mudará, e as mudanças sociais acabarão por acontecer.

Depois de aprender sobre ferramentas existentes nas plataformas, caminhos de apoio público que você pode encontrar e as considerações de ordem legal para lidar com o abuso baseado no gênero e a desinformação, espero que você se sinta mais fortalecida e bem menos sozinha. Estamos bem longe de uma utopia online, mas muitas ferramentas que você acabou de conhecer não existiam poucos anos atrás.

Quando pergunto a Brianna se, para encerrar, ela tem algo a dizer para as mulheres que estão sofrendo misoginia online, ela responde que não é preciso que um episódio de *Law & Order* seja baseado na sua vida para sentir que a experiência pela qual está passando é estressante, traumática e injusta. "Sua dor é válida. Não tenha vergonha de pedir ajuda. Você precisa ter um grupo de apoio."

E é exatamente isso que discutiremos em seguida.

TL; DR

1. **Conheça os termos de serviço e as regras da rede social que você usa.** Quando sofrer abuso e assédio, vai saber exatamente como denunciar as contas ofensivas e se manter em segurança.

2. **Silencie, bloqueie e denuncie!** Estas ações não só tornam sua timeline mais suportável, mas também enviam sinais importantes para as plataformas de mídia social sobre contas e grupos problemáticos. Elas também podem deixar determinados conteúdos menos visíveis para você e seus seguidores.

3. **Tire proveito de outras funções da plataforma para tornar sua experiência nas redes sociais menos estressante.** Ative as notificações apenas para conteúdos que lhe interessam e de pessoas que você conhece. Desative notificações de comentários e oculte ou delete respostas ofensivas.

4. Se você for autônoma, **pense em separar seu e-mail de trabalho do seu e-mail pessoal** e denuncie mensagens abusivas aos provedores do e-mail.

5. **Procure seu círculo de solidariedade – amigos, familiares, colegas, empregadores e grupos de afinidade – para que participe de campanhas públicas de apoio quando você estiver sofrendo ataques.** Às vezes, elas podem gerar uma nova onda de trolagem, mas conscientizam e conseguem envergonhá-los.

6. **Capture telas dos abusos que recebe, ou use uma ferramenta como Hunchly ou Page Vault para fazer isso.** Isto pode ser útil para montar um caso com um advogado ou representante da lei, e são ações que você deveria considerar se o abuso for grave.

7. **Se tiver recursos para denunciar o assédio à polícia, faça isso**; é uma maneira de redefinir o padrão para as mulheres que vierem depois de você.

4

COMUNIDADE: CULTIVE UM CÍRCULO DE SOLIDARIEDADE

A CADA ATAQUE DE ódio virtual que recebo, o primeiro lugar onde procuro me aconselhar, além de ser meu espaço preferido para desabafar, tem sido um grupo de mensagens diretas (DMs) do Twitter organizado por Talia Lavin. Escritora e jornalista que cobre a extrema direita, Talia me convidou a fazer parte dele em 2018. Suas integrantes participam dos mais diversos cenários; algumas cobrem política, outras escrevem livros de literatura ou crimes reais que são best-sellers do *New York Times*. Uma é poeta. O que nos une é o fato de sermos mulheres e escritoras. E esse refúgio na internet e uma constelação formada por familiares, amigos, colegas e minha terapeuta me ajudaram a atravessar vivências perturbadoras e solitárias quando enfrentei manifestações raivosas online.

As mulheres que você conheceu nestas páginas – Cindy, Nicole, Van, Brianna e Leta – fazem parte do meu círculo de solidariedade. Primeiramente, fiquei conhecendo essas almas brilhantes e inspiradoras no Twitter. Van e Leta fazem parte do meu amado grupo de escritoras. Já se vão anos desde que nos falamos pela primeira vez, e desde então trocamos mensagens com frequência, completamos o trabalho umas das outras e, se for necessário, nos oferecemos para ouvir, ser um ombro amigo em que podemos chorar, comemorar, dar espaço para a dor umas das outras e para nos revoltar coletivamente.

Encontrei com Cindy ao vivo pela primeira vez quando estava escrevendo este livro, embora já tivéssemos escrito artigos juntas, testemunhado no Congresso na mesma comissão especial e nos apoiado mutuamente durante o pior assédio que recebemos. Nicole e eu nos tornamos amigas não apenas porque nossas áreas de atuação – a internet e os incidentes envolvendo as atividades russas – se sobrepõem, mas por causa do abuso online que vivemos e da solidariedade que demonstramos uma à outra.

Criar esse círculo de solidariedade não foi uma coisa que me aconteceu por acaso; faz parte de uma estratégia intencional que executo continuamente a fim de construir uma internet mais comunitária, camarada, igualitária e acolhedora para as mulheres, em especial àquelas de comunidades marginalizadas. Amanda Hess observa: "Usamos a tecnologia para encontrar comunidades de apoio, ganhar nosso sustento e construir redes seguras. [...] A internet não é uma distração divertida – é um recurso necessário para trabalhar e interagir com amigos, familiares e, algumas vezes, com oficiais da lei, num esforço para nos sentirmos mais protegidas contra a violência on e offline".[1]

Se você tiver um perfil público, haverá momentos em que vai precisar de um círculo de solidariedade para ampará-la. Vai precisar explicar para os membros da sua família, colegas de trabalho, chefes e até para seus médicos que está passando por algo solitário e assustador e precisa da ajuda deles. E, na outra ponta, haverá momentos em que suas piores experiências vão permitir que você apoie outras mulheres que estão vivendo algo semelhante.

Sempre amei o sentimento expressado pela primeira mulher que ocupou a posição de Secretária de Estado dos Estados Unidos, Madeleine Albright: "Existe um lugar especial no inferno para as mulheres que não ajudam umas às outras". (Eu modificaria ligeiramente a declaração da secretária Albright: seria ótimo ter também um exército de homens do nosso lado.) Este capítulo trata de como fazer isso acontecer e, de quebra, tornar a internet mais segura para as mulheres.

Conseguir a ajuda da família e dos amigos

Criar um ambiente seguro online pode parecer uma tarefa impossível. Talvez seus entes queridos mais próximos não tenham perfis públicos. Talvez nem tenham contas em redes sociais, ou não as usem profissionalmente. Como explicar a eles que um punhado de pessoas anônimas não a deixa em paz, ou por que isso a incomoda tanto? Que esses estranhos estão vasculhando a internet à procura de cada detalhe de sua vida que consigam achar? Que seus familiares e amigos próximos também podem ser afetados por essa teia de loucura?

Descobri que comparar o abuso online a situações da "vida real" às vezes ajuda. "Imagine que todas as vezes em que estou andando pela rua" – como no cenário fictício no começo deste livro –, "um grupo de homens me segue e faz comentários lascivos", você vai lhes dizer. "Vocês não me diriam para 'apenas ignorar', não é?" Ou, mais acuradamente, já que a invasão do seu ambiente online é bem mais íntima, pessoal e desgastante do que um assédio na rua: "E se eu estivesse sentada na minha mesa de trabalho, cuidando das minhas coisas, tentando trabalhar, enquanto homens contavam o número de rugas presentes no meu rosto, monitorassem quantos minutos até eu chegar à menopausa, ou me dissessem para desistir porque escrever é uma profissão mais adequada para homens?".

Mesmo assim, as pessoas mais próximas talvez não entendam, e não será muito produtivo reviver o abuso só para explicar-lhes a questão. É aí que entram suas amigas. Elas podem ser tanto um escudo para protegê-la de abusos futuros como um casulo acolhedor onde você se acomoda para se afastar por um tempo do mundo. Se suas amigas "da vida real" compreendem a sua vida virtual, ótimo! Use-as. Peça-lhes abertamente para ajudá-la de uma maneira específica, talvez saindo junto com você para te distrair do celular, fazendo um passeio ou assistindo a programas trash na tevê. Quem sabe você precise de um lugar para ficar por uns dias se as ameaças online tiverem se espalhado offline. Seja qual for o caso, descobri que fazer um pedido discreto – mesmo que seja apenas "Posso desabafar um pouco?" – tende a inspirar uma resposta mais útil do que só expressar um vago desejo por ajuda.

Se suas amigas na vida real também não entendem muito bem, volte-se para amigas mais antenadas ou àquelas que simpatizam mais com seu trabalho e sua carreira. Você tem um grupo de mulheres na sua área com quem possa dividir histórias de guerra? Envie uma mensagem para elas. Colegas com quem possa tomar um cafezinho ou fazer uma happy hour para aliviar um pouco a tensão? Encontre-se com elas. Amigas do Twitter, Instagram ou Facebook que entendam sua área e o tipo específico de ira a que você está sendo submetida? Faça uma videochamada.

Suas amigas virtuais são também ótimas pessoas para quem você pode dar acesso às suas redes sociais se precisar dar uma parada em tudo. Elas podem ler suas notificações, denunciar conteúdos agressivos, abusivos ou violadores e manter um catálogo de informações sobre os piores agressores para que você possa manter seus registros sem ser forçada a reviver seu trauma.

Nicole Perlroth, a jornalista do *New York Times* que fez uma pausa no Twitter, me conta que se apoiou nas colegas para atravessar os momentos mais difíceis no início de 2021. "Tenho um pequeno grupo no Twitter formado por jornalistas ligadas à segurança cibernética e outras mulheres da área que me apoiaram de verdade", ela diz. Infelizmente, elas também estavam com medo de incitar uma turba cibernética. "De tempos em tempos, elas postavam no Twitter", ela me conta, "mas também se desculpavam por não fazerem mais porque estavam muito assustadas." Mesmo assim, a solidariedade era importante. Talia Lavin, que criou o grupo que constitui uma grande parcela da minha própria rede de apoio, apega-se a suas comunidades online por razões semelhantes: "É bom ter pessoas com quem conversar e que, sem dúvida, te protegem, em especial outras mulheres com presença pública que também lidaram com abusos. Pessoas que vão chamá-la à razão, que sempre a defendem quando é necessário ou apenas demonstram empatia durante o que parece ser uma experiência incrivelmente solitária".[2]

Bom, e como encontrar esses espíritos bondosos? Não espere que já da primeira vez que entrar numa plataforma você vá ser conduzida a comunidades de usuárias otimistas e com ideias semelhantes às suas. A resposta é dupla: é preciso tempo e uma estratégia intencional de engajamento para identificar e se integrar com – ou, em alguns casos, construir – essas comunidades.

Primeiro, selecione as contas com que vai interagir. Não seja econômica com seu botão de seguir; envolva-se tanto com contas já estabelecidas quanto com as mais recentes. Muitas vezes, é nesta última categoria que você pode encontrar pessoas com ideias semelhantes às suas. Mas montar um círculo de solidariedade não é só seguir pessoas; você precisa interagir com elas. Afinal, presume-se que uma rede social deva ser *social*. Percebo que, em geral, nas redes sociais as mulheres tendem a ser consumidoras passivas de informações, participando muito mais raramente de conversas do que os homens (em grande parte, tenho certeza, pelo abuso que enfrentam online). Não estou sugerindo que você se torne a versão feminina do macho palestrinha, mas não tenha medo de intervir nos assuntos que estiver interessada ou nos quais for especialista! Envie mensagens para as pessoas com quem possa ter algo em comum! Faça piadas e comente nas fotos dos animais de estimação das pessoas! Ou, como diz Talia, "chegue nas pessoas cujo trabalho atrai sua sensibilidade e dê um alô"! Você também pode encontrar comunidade em grupos e fóruns de interesse específico. O Facebook Groups – embora, em alguns casos, seja uma fonte notória de desinformação – também pode oferecer ótimas oportunidades de integração. Por exemplo, faço parte de um Women's Foreign Policy Facebook Group, assim como de um grupo de escritoras (e, menos relevantes para o trabalho, mas mais relevantes para a diversão, grupos de ex-alunas da faculdade que possuem cachorros ou gostam de jardinagem). Estes são locais excelentes para compartilhar a alegria de conquistas recentes, procurar conselhos, desabafar e, sim, fazer amigas. Algumas profissões e nichos focam mais em comunidades anônimas como Reddit ou Discord. Muitos grupos que requerem filiação existem majoritariamente offline, com atividades online que complementam a atuação na vida real. É mais um lugar onde você pode encontrar suas companheiras de jornada. Talia concorda e diz que tem encontrado positividade em um ambiente frequentemente negativo: "Gosto de estar em comunidade com pessoas de todo o mundo. Isso faz com que eu me sinta menos sozinha e me ajuda a criar vínculos pessoais, profissionais e emocionais. Mostra um lado mais suave e positivo da internet, um tipo particular de comunidade intencional que consegue ser aquilo que você faz dela".

Construir ambientes online
amigáveis para as mulheres

A internet está repleta de coisas terríveis, mas ainda serve para conectar as pessoas, desde que você despenda algum esforço. Dê um passo adiante, e esses círculos de solidariedade podem ser fortalecidos por ferramentas de engajamento ao usá-las especificamente para construir um ambiente online mais amigável para as mulheres. É uma tarefa difícil, considerando que a maioria dos usuários do

Twitter e do Reddit são homens (Instagram, Facebook e TikTok têm uma proporção por gênero mais próxima da vida real).[3,4] Como Soraya Chemaly observa em *Rage Becomes Her*, "no Twitter, os tuítes dos homens são retuitados duas vezes mais do que os das mulheres".[5]

Apresento aqui algumas práticas que uso para corrigir esses desequilíbrios online:

- **Siga outras mulheres.** Dado o desequilíbrio no Twitter, acho tremendamente importante lutar por uma timeline mais igualitária. Sigo qualquer mulher que faça um trabalho que esteja vagamente dentro da minha área de interesse.
- **Conecte-se com outras mulheres.** Dê likes em seu conteúdo. Compartilhe o conteúdo delas. Comente seus posts. Isto diz aos algoritmos das plataformas que o conteúdo é de boa qualidade, o que vai dar a ele uma maior exposição.
- **Antes de compartilhar o conteúdo de um homem, pergunte a si mesma se não existe uma mulher que esteja cobrindo o mesmo assunto.** Especialmente no Twitter, quando as notícias estão rolando, pode ser fácil interagir com o tuíte com o maior número de visualizações. Dada a distribuição por gênero dos usuários no site, é provável que tal tuíte seja de um homem. Faça mais uma pequena varredura para ver se uma mulher falou sobre o assunto. Como um bônus, saiba que os relatos das mulheres muitas vezes apresentam perspectivas que os colegas homens podem ter deixado passar. Vamos incentivar umas às outras.

- **Valorize outras mulheres.** Seja generosa em seu apoio público às mulheres à sua volta. Há espaço fora daqui para todas nós. Quando seu dedo estiver pairando sobre o botão de retuitar, imagine Madeleine Albright sentada no seu ombro e, conscientemente, decida evitar *aquele* lugar especial no inferno.
- **Quando perceber um assédio acontecendo, denuncie, chame a atenção e envie apoio.** Como mencionamos, as plataformas sociais recolhem indícios importantes das denúncias que os usuários enviam para elas. Se encontrar um conteúdo que configure abuso, assédio, que seja de algum modo censurável pelos termos de serviço da plataforma, não deixe de denunciá-lo. Faça uma captura de tela e denuncie o comportamento para aumentar a consciência geral do problema entre seus seguidores. Se uma mulher que você conhece está sofrendo assédio, lhe envie uma mensagem de apoio. Ela vai gostar.

Pedir a ajuda dos empregadores

Assédio online e campanhas de desinformação podem impactar tanto sua vida pessoal quanto a profissional. Podem assumir uma proporção tal que uma pessoa sozinha não será capaz de lidar com a situação. Nestes casos, é preciso procurar ajuda de fontes maiores e mais influentes: organizações profissionais e empregadores.

Brittan Heller, uma advogada especializada em tecnologia digital e em direitos humanos, conhece bem de perto como a internet pode se voltar contra as mulheres. Quando estava se formando na Faculdade de Direito de

Yale e procurando emprego, Brittan e Heide Iravani, outra mulher de seu grupo, foram alvo de uma campanha de comentários abusivos no fórum de discussões AutoAdmit, que alega ser "o mais prestigioso fórum de discussões de faculdades de Direito do mundo" para "apoiadores do mercado de ideias e liberdade de expressão".[6] Mas, como Ellen Nakashima, repórter do *Washington Post*, explicou sobre esse fórum em 2007, na época em que Brittan estava sendo assediada, o AutoAdmit também acolhe "centenas de chats postados por usuários anônimos que apresentavam declarações zombeteiras sobre mulheres, gays, negros, asiáticos e judeus. Nas pontuações de mensagens, os usuários depreciavam as pessoas usando o nome delas ou outras informações que poderiam identificá-las. Algumas dessas mensagens continham falsas alegações sobre atividade sexual e doenças".[7] Brittan e sua colega de classe estavam prestes a se formar e tentavam encontrar seu primeiro emprego depois da faculdade, mas "a descrição delas – vagabundas e prostitutas – e as sugestões sobre o que se deveria fazer com elas – estupro e sodomia – estavam aparecendo nas buscas pelo seu nome no Google e impediram que pelo menos uma delas conseguisse emprego".[8]

As estudantes decidiram entrar com uma ação federal contra o AutoAdmit, processando o fórum de discussões a fim de que revelasse os nomes daqueles que as tinham difamado. O caso foi resolvido fora dos tribunais, mas não antes de identificar alguns dos culpados. Brittan "ficou atônita ao saber que essas pessoas, em sua maioria, não a conheciam pessoalmente nem haviam frequentado a mesma faculdade. Eram homens e mulheres; profissionais e operários; jovens e velhos".[9] No verão de 2021, mais de uma década depois,

Brittan refletiu comigo sobre o caso e suas repercussões. "Sou uma das poucas pessoas que 'venceu'", ela diz, e essa vitória influenciou seus interesses e sua atuação como advogada.[10] Ela trabalhou para o Departamento de Justiça dos Estados Unidos, para a Liga Antidifamação e o Tribunal Internacional de Crimes de Guerra, entre outros. Tanto no trabalho quanto em sua vida pessoal, ela observou que empregadores e outras "organizações profissionais são muito pouco preparadas para lidar com o assédio online". Depois do seu processo contra o AutoAdmit, ela diz que a Ordem dos Advogados dos Estados Unidos "decidiu criar diretrizes sobre pesquisar na internet o nome de candidatos a emprego, a ética por trás disso, e se seria um processo admissível ou não".

Mas os empregadores precisam arcar com mais peso, diz Brittan. "Uma das coisas que mais gostaria de ver são as pessoas se articularem em favor das funcionárias" que estão sendo assediadas "juntamente com quem podem ajudar", como plataformas de redes sociais, grupos de afinidade e até mesmo escritórios de advocacia. Brittan acredita que esta seria uma importante demonstração de solidariedade. "Dá às mulheres a sensação de que a empresa se preocupa" com o que está acontecendo a elas por causa da exposição pública decorrente do trabalho que exercem. As jornalistas correm um risco maior, ela observa. "Estou muito preocupada em relação à face pública que as jornalistas precisam ter pela natureza da sua profissão e com o fato de não contarem com muita retaguarda das redações." Enquanto algumas publicações dotadas de recursos monitoram as menções a seus empregados nas redes sociais e pagam por serviços de proteção privados como DeleteMe, outras abandonam suas jornalistas para que se defendam sozinhas. Freelancers, assim como escritoras que publicam em diversos veículos, encontram-se numa situação pior. "Quando uma jornalista escreve para uma publicação e também faz freelances para outra", diz Brittan, "não fica claro de quem é a responsabilidade" pela sua segurança. "Precisamos educar as pessoas sobre o escopo de assistência de que as jornalistas necessitam e os riscos que enfrentam." Van Badham, a dramaturga, ativista e colunista, concorda e precisou ir atrás de seus próprios editores para apoiá-la durante episódios de abuso. Desde então, Van alerta seu editor do *Guardian* diante do mínimo indício de assédio: "Todo mundo está aprendendo. É um desafio e tanto, se você for a editora. Está sobrecarregada de trabalho e ouve que 'alguém está sendo maldoso com uma de suas colunistas na internet'. Você pensa: 'Com o que eu tenho de lidar agora! Por onde devo começar?'".

Os usuários da internet, do mesmo modo, agora estão mirando outras áreas além do jornalismo, diz Brittan: "Alguém pode fazer uma crítica falsa do seu negócio em sites de avaliação, ou um empregado descontente posta um comentário negativo em sites de recrutamento, pois eles não são espaços regulados". Falta a essas esferas profissionais uma orientação clara sobre o que é difamação online e como ela é capaz de acabar com uma carreira.

O que *está* claro, entretanto, é que os empregadores precisam de ajuda para agir rapidamente e proteger a exposição pública de seus funcionários, em particular das mulheres e de quem possui uma identidade interseccional. Na maioria dos casos, recairá sobre os empregados a incumbência de montar uma campanha com os gestores para proteger aqueles que enfrentarem abuso online. Se é este o seu caso, você deve pensar em seguir os próximos passos para construir uma política institucional.

Primeiro, explicite o problema. Idealmente, este passo ocorre antes que alguém da empresa sofra ataques virtuais, usando os recursos disponíveis (mostre este livro aos gestores e consulte a seção de ferramentas que fica depois das recomendações de leitura). Se alguma ou várias colaboradoras já passaram pela experiência de abuso online, reúna capturas de tela (as que você tem coletado desde o momento em que leu o capítulo anterior, não é mesmo?) e mostre o que aconteceu à diretoria, aos membros de conselhos ou a outras pessoas influentes. Avalie o tempo e as despesas que você despendeu reagindo ao abuso e como isso afetou seu desempenho no trabalho.

Então, solicite a criação de uma nova política sobre assédio virtual. No século XXI, a maioria das organizações desenvolveu políticas sobre redes sociais, estabelecendo o que os empregados podem ou não dizer e fazer online. Em geral, essas políticas servem para proteger os empregadores de constrangimentos, mas a maioria não percebe que, mesmo quando os funcionários fazem tudo "certo", constrangimentos e atenção negativa podem se concretizar na forma de assédio online. A solução natural para uma política de postagem em redes sociais é uma política institucional que também proteja os funcionários. O Defector Media, um site de reportagens e comentários esportivos, dedica uma seção inteira da sua política de Recursos Humanos para lidar com o assédio online: "O Defector vai apoiá-los o melhor que puder se estiverem enfrentando um período de intenso e/ou contínuo assédio online".[11] Todos os funcionários do Defector têm uma inscrição preventiva no DeleteMe, que pode receber um upgrade para o "Serviço especial" durante ataques mais graves. Os funcionários podem requisitar que um colega assuma as postagens de suas redes sociais nesse período; o Defector pagará por até dez dias de realocação caso um funcionário se sinta inseguro em casa, e incentiva alvos de abuso a se afastarem do trabalho usando uma licença médica. Por fim, a organização oferece aos funcionários apoios legal e emocional e lhes dá assistência durante as denúncias, se desejarem, para a polícia.

Além de políticas para dar apoio às vítimas de assédio virtual, os executivos e líderes também devem assumir a responsabilidade especial de implementar políticas de tolerância zero para os assediadores. Nicole Perlroth percebeu que estava recebendo um volume muito grande de mensagens abusivas vindas de funcionários de uma companhia de segurança cibernética. "Muitas pareciam vir de pessoas que compartilhavam um canal de comunicação interno. Isso não pega bem para a empresa", disse Nicole. Ela tinha entrado em contato com o CEO anteriormente, então lhe enviou uma mensagem expressando sua frustração. "É preciso chamar a atenção dos CEOs quando seus funcionários formam grupos de assédio online", ela me disse. "Eles precisam dizer às pessoas para se 'atentar ao teor de suas interações nas redes sociais'. Se um funcionário estiver constantemente desvalorizando alguma coisa que uma mulher diz, não está certo." O abuso parou quando ela se comunicou com o CEO.

Criar um ambiente de apoio no escritório físico e em suas extensões online não é só um incentivo emocional e psicológico para as funcionárias que estiverem sofrendo assédio, como também cria condições para que as mulheres, que muitas vezes se autocensuram por receio do abuso online, possam se sentir seguras para se expressar publicamente. Quando nós mulheres sabemos que nossos empregadores nos dão cobertura, escrevemos a história que pode expor grupos violentos. Prosseguimos no estudo que desafia as estruturas de poder tradicionais. Temos menos medo de dizer coisas que possam enfurecer os homens. Em resumo, somos capazes de participar de forma mais igualitária do discurso público. Este é o poder que os empregadores têm, mas eles precisam optar por reconhecê-lo e usá-lo.

Uma ode à terapia

Como mencionei, durante o auge do abuso que sofri em 2020, algumas vezes parecia que minha família e meus amigos não entendiam o momento pelo qual estava passando. Sentia-me isolada e exausta por ter que explicar constantemente por que estava transtornada. Pior, tinha medo de exaurir as pessoas queridas, que *realmente* entenderam isso ao repisar minhas frustração e raiva contra os autores do abuso.

Agradeço aos céus por minha terapeuta. Ela tem me acompanhado ao longo do desenvolvimento da minha vida pública, desde minha primeira publicação importante até a escrita deste texto. ("Lembre-se de que você é forte e está escrevendo esse livro não apenas porque é um projeto apaixonante, mas porque ele é necessário dentro dessa nossa cultura de mundo bem confusa", ela me escreveu quando eu estava finalizando o manuscrito.) Quando contei a ela pela primeira vez sobre o abuso online que estava sofrendo, eu o minimizei um pouco: "São apenas uns loucos na internet que não têm coisa melhor para fazer além de me assediar". Eu ri: "Nada me aconteceu de *tão* ruim. Nenhuma ameaça de estupro, e ainda não sofri doxing". Mas, à medida que continuava a lhe contar sobre a experiência, minhas verdadeiras emoções vieram à tona. Eu estava me sentindo mal. Me sentia injustiçada e desamparada. Ao mesmo tempo, ficava me perguntando se não estava tendo uma reação exagerada. Minha terapeuta me ajudou a reconhecer que minhas reações não só eram válidas, mas eram normais e nem um pouco exageradas. Se eu quisesse conversar com ela sobre cada um dos tuítes abusivos que estava recebendo, ela ficaria contente em fazê-lo.

Outras mulheres que entrevistei para este livro também valorizam a terapia. Nicole Perlroth me contou que isso foi incrivelmente benéfica para ela. Uma vez, um homem fez uma crítica muito dura a seu livro, mas Nicole sentiu que ele estava interpretando mal o conteúdo de propósito, por ela ser mulher e lhe faltar credenciais técnicas. "Larguei meu computador, fui ao meu terapeuta e li para ele a resenha", ela me contou. O terapeuta lhe disse: "Sabe o que é isso, Nicole? É o ego masculino ferido". Brianna Wu diz que a terapia foi essencial para canalizar sua experiência em ativismo. Soraya Chemaly, a autora de *Rage Becomes Her*, inclui a terapia como parte do passo a passo de seu plano para canalizar a raiva em algo produtivo:

No dia em que publiquei meu primeiro artigo, agendei uma consulta com uma terapeuta. Ela era inteligente, atenciosa e solidária. Por meio de longas conversas com ela, depois de alguns anos, meu modo de pensar tanto a raiva como o meu eu mudou. Atravessar as vicissitudes de ser uma mulher na internet, na mira de uma corrente ininterrupta de torpezas, teria sido infinitamente mais difícil se eu não tivesse conseguido mudar isso.[12]

Soraya reconhece – como eu – que a terapia é essencial para nossas contribuições para um mundo que está contra nós. Mas a terapia nem sempre é algo acessível; em alguns lugares, como no Reino Unido e em muitas nações do Leste Europeu, a procura por terapia é vista com maus olhos, como se fosse "pagar alguém para ouvir você se lamentar". (Fico triste em admitir que esta é uma citação real das palavras de uma amiga inglesa, embora nos últimos anos, ao que parece, a situação esteja mudando.) Nos Estados Unidos, a terapia é incrivelmente cara, e poucos terapeutas são credenciados em planos de saúde, o que significa que é necessário passar por outros trâmites para conseguir o reembolso de sessões que podem custar algumas centenas de dólares.

Se o custo é um obstáculo para você começar uma terapia, pergunte à terapeuta se ela tem uma escala variável de preço. Explore opções que são credenciadas no seu plano de saúde. Entenda como funciona o reembolso. Se estiver no campus de uma universidade, os centros de saúde em geral oferecem programas públicos de saúde mental. Considere grupos de terapia, que podem ser lugares para você expandir seu círculo de solidariedade. Tive também este e outros obstáculos para começar minha terapia, mas felizmente os venci. Minhas sessões tornaram muito mais toleráveis os momentos mais difíceis da minha vida pública.

Parte da intenção dos abusadores virtuais é conseguir que você se sinta sozinha. Eles esperam que se sinta tão isolada a ponto de achar que seu envolvimento público não vale as consequências que eles tentam impor a você.

Seu círculo de solidariedade está aí para lembrar-lhe de que não está só, que vale a pena se envolver, que o mundo precisa da sua voz e que tem gente à sua volta para apoiá-la. De certo modo, mesmo as interações menos reconfortantes que tive com familiares e amigos que não conseguem se identificar com aquilo que estou vivendo me motivaram a falar e falar mais alto ainda do que antes; há tanta gente por aí – inclusive pessoas muito próximas – que precisa ouvir o que tenho a dizer e que poderia se beneficiar ao ampliar o que sabem sobre as circunstâncias das mulheres na internet.

O mais importante, entretanto, é que apoiar umas às outras torna todas as experiências um pouco melhores e mais fáceis. Durante a pandemia de COVID-19, comecei a orientar mulheres em início de carreira pelo Zoom. (Você não necessita de qualquer qualificação especial para ser mentora, faça isso. Traz benefícios tanto para a mentora quanto para quem está sendo orientada e cria mais solidariedade on e offline para mulheres de todas as idades.) Cerca de metade delas me pediu conselhos sobre como lidar com o assédio online. Queriam saber como sobrevivi a isso, como detê-lo e como reagir *quando* – não *se* – acontecesse com elas. Essas conversas não eram apenas uma parte importante da construção de um ambiente online melhor para jovens mulheres, mas também da expansão de círculos de solidariedade. Todas as mulheres que fizerem esse questionamento podem ajudar outras no futuro. Elas vão ampliar seu círculos de amigas e seguir outras mulheres no Twitter. Chamarão a atenção para o abuso quando o perceberem. Vão lutar por políticas de apoio melhores para quem for alvo de assédio dentro das organizações em que trabalham. Se possível, vão buscar terapia para que possam canalizar sua raiva. E, pouco a pouco, momento a momento, tuíte por tuíte, elas vão construir um ambiente mais igualitário, não só para elas e suas companheiras, mas para as mulheres que virão depois delas.

TL; DR

- **Apoie-se na família e nas amigas mais chegadas.** Tente explicar aquilo pelo que está passando e peça apoio e ajuda de forma clara e direta.
- **Construa um círculo de amigas virtuais que "entenderam a situação".** Seus parentes e amigas mais próximas talvez não compreendam bem, mas outras mulheres e colegas do seu campo de atuação podem ter uma ideia melhor daquilo que você está enfrentando. Procure por essas comunidades *antes* de entrar em crise.
- **Adote práticas que tornam a internet mais segura e equitativa para mulheres.** Siga e interaja com mulheres. Divulgue o trabalho delas. Denuncie assédios e envie mensagens de apoio.
- **Pressione e trabalhe com seus empregadores para criar políticas sensíveis para funcionárias que estejam enfrentando abusos online**, particularmente se o seu trabalho exigir interação externa.
- **Procure uma terapeuta.** Se o custo for um obstáculo, explore as opções de preços escalonados, terapias em grupo, cuidados ou programas públicos voltados para a saúde mental. Ter alguém com quem possa falar abertamente sobre suas experiências é muito importante.

5

TENACIDADE: FALE ABERTAMENTE E REAJA

ATÉ AGORA VOCÊ JÁ leu mais de 25 mil palavras de dicas e conselhos sobre como se proteger e reagir contra aqueles que querem silenciá-la. Mas o sistema ainda se ergue contra nós. Em grande parte, os homens criam as plataformas de rede social para o mundo que *eles* habitam. Assim como alguns parentes e amigos mais analógicos encontram dificuldade para entender como é nossa vida digital e o impacto que ela causa em nós offline, os homens que construíram esses sistemas, em geral, não conseguem entender como um fã virtual pode se tornar um stalker real. Não conseguem imaginar as precauções que as mulheres precisam tomar para se proteger na internet, porque eles não têm as mesmas preocupações. E, algumas vezes, eles mesmos usam os sistemas que ajudaram a construir a fim de assediar as mulheres.

No primeiro capítulo do livro em que contam tudo sobre o Facebook, as jornalistas do *New York Times* Sheera Frenkel e Cecilia Kang revelam que engenheiros do

Facebook estavam usando os sistemas internos da plataforma para acessar dados particulares de usuários. "Quase todos os meses, em vez de usar as ferramentas de livre acesso a dados para criar novos produtos, os engenheiros usavam-nas para violar a privacidade de usuários do Facebook e invadir a vida deles", elas explicam.[1] "Homens que pesquisavam perfis de mulheres no Facebook formavam a grande maioria" dos 52 engenheiros demitidos por abusarem do seu acesso privilegiado entre janeiro de 2014 e agosto de 2015.[2] Um homem rastreou a ex-namorada depois que ela rompeu com ele; outro usou dados privados de usuários para perseguir uma mulher com quem tinha marcado um encontro. Ele a abordou em um parque onde ela estava reunida com amigas.

Não são só as plataformas de redes sociais que enfrentam os desafios de desigualdade sistêmica online: na Wikipedia, a enciclopédia virtual, somente 19% de seu 1,5 milhão de biografias são de mulheres.[3] "Mulheres de todos os campos são sub-representadas, artigos sobre áreas do interesse feminino são pouco desenvolvidos, e as mulheres têm menos chances de editar os artigos da Wikipedia", escreve Francesca Tripodi em um estudo sobre gênero e representação na plataforma.[4] A desigualdade é sistêmica: "A interpretação e a aplicação das diretrizes de notabilidade desempenham um papel crucial na perpetuação da desigualdade de gênero no site [...] As biografias de mulheres que se encaixam nos critérios de inclusão na Wikipedia parecem ser consideradas menos notáveis que as dos homens".[5] Isso impacta a percepção pública das contribuições femininas para a sociedade, assim como em sistemas de busca como o Google.

O próprio gigante das buscas tem tido suas batalhas com desigualdade de gênero e raça. No final de 2020, o Google demitiu Timnit Gebru, "uma das mulheres negras mais destacadas em sua área e uma voz poderosa no novo campo da ética em inteligência artificial que procura identificar questões em torno do viés, da imparcialidade e da responsabilidade".[6] Ela estava para publicar um artigo sobre os riscos éticos dos grandes modelos de linguagem, uma tecnologia usada pelo Google e que pode ter efeitos sobre comunidades marginalizadas. Seu empregador pediu que ela retirasse seu nome da coautoria do artigo. Segundo Timnit, quando pediu por mais transparência em torno do processo de avaliação dos artigos, ela foi demitida. O Google declarou que foi ela quem pediu demissão. Durante meses após o fato, ela foi assediada incessantemente no Twitter, como relatou Zoe Schiffer em um artigo no portal *The Verge*: "Alguns usuários anônimos chamavam Timnit de 'vagabunda' e lhe diziam para 'voltar para a África'. Outros diziam que ela era arrogante e só tinha sido contratada pelo Google porque é negra".[7]

A infraestrutura da internet é construída *para* homens e *com* a segurança dos homens em mente. Mas, mesmo entre as mulheres, há diferentes níveis de abuso online. Mulheres de identidades interseccionais, que representam outros grupos marginalizados – por raça, etnia, orientação sexual ou capacidade física –, sofrem níveis mais altos e mais intensos de um assédio que ataca vários aspectos de sua personalidade. O conceito de "interseccionalidade" tornou-se o bicho-papão da extrema direita e de críticos da chamada "cultura do cancelamento", mas é algo que precisa estar no âmago da compreensão do ambiente virtual na nossa batalha por uma internet mais equitativa.

O termo "feminismo interseccional" foi cunhado por Kimberlé Crenshaw em 1989. Mais de trinta anos depois, ela declarou à revista *Time* que, hoje, a interseccionalidade é "[...] uma lente, um prisma para observar como diversas formas de desigualdade frequentemente operam juntas e exacerbam umas às outras. Temos a tendência de falar sobre desigualdade racial como se fosse separada das desigualdades de gênero, classe, sexualidade ou da condição de imigrante. O que muitas vezes se deixa passar é que algumas pessoas são objeto de todas elas".[8]

A ONU Mulheres, que trabalha pela igualdade de gênero e pelo empoderamento feminino, define interseccionalidade como "uma estrutura para construir fortes movimentos inclusivos que trabalhem para resolver simultaneamente formas superpostas de discriminação".[9] Em resumo, a interseccionalidade não gira em torno de minar um gênero, uma raça ou uma classe específica; ela trata de fomentar a igualdade para todos. Como Kimberlé observou à *Time*, mesmo nos anos 2020, "a imagem de cidadão ainda é a de um cidadão masculino. Quando lidamos com algumas questões de gênero – como direito de reprodução –, aí falamos sobre as mulheres. Mas as políticas e diretrizes em geral são bem parecidas com o que a medicina costumava ser e ainda é: o corpo é o corpo *masculino*". Mas os corpos interseccionais é que são as vítimas do sistema, on e offline.

Shireen Mitchell, fundadora do Stop Online Violence Against Women [Parem com a Violência Online contra as Mulheres] e defensora incansável da equidade online e offline, falou ao grupo focal do Wilson Center sobre sua experiência como mulher negra no setor de tecnologia e os assédios sobrepostos de que foi alvo: "Existe assédio sexual e outras coisas que são mais baseadas em gênero, mas as mulheres negras têm de lidar com o assédio por gênero somado ao aspecto racial. E, algumas vezes, um vem em cima do outro, e vão se empilhando sem que as pessoas entendam o que está acontecendo".[10]

Shireen observou que os moderadores de conteúdo nas plataformas de redes sociais, sem deixar de mencionar aqueles que estabelecem as políticas das plataformas, não compreendem as ameaças dirigidas exclusivamente às mulheres negras e de outras identidades interseccionais.

Ela comentou que Leslie Jones, uma comediante negra, sofreu assédio no Twitter, e a plataforma reagiu com muita lentidão. "As pessoas não entenderam que colocar Harambe, o rosto do gorila morto, sobre o corpo dela era uma ameaça de morte", disse Shireen. "Não tinham noção de que nos chamar de macacos e depois colocar a cara de um gorila morto no lugar de sua cabeça era uma ameaça de morte através de uma imagem." As famílias das mulheres negras são, muitas vezes, ameaçadas, ela lembrou, pois dizem a elas: "Espero que seus filhos não se tornem uma hashtag". Os abusadores mandam entregar pizzas no endereço residencial delas como quem avisa: "Sabemos onde você mora".

Essas táticas atingem outras mulheres não brancas, trans e outros membros da comunidade LGBTQIA+ e mulheres portadoras de deficiência. Como a minha própria pesquisa revelou, as narrativas mais populares de desinformação de gênero contra mulheres que atuam na vida pública são sexuais, racistas ou transfóbicas por natureza.[11] Mulheres de comunidades marginalizadas sofrem abusos piores e com mais frequência do que as mulheres não marginalizadas. O abuso digital muitas vezes transborda para a violência offline. As ameaças às mulheres que vivem identidades interseccionais são nocivas. São repugnantes. E, até que tratemos essas ameaças como os problemas interseccionais que são, o problema mais amplo do abuso online contra mulheres não será resolvido. Como a ativista dos direitos civis Fannie Lou Hamer falou na reunião inaugural do National Women's Political Caucus [Bancada Política Nacional das Mulheres], em um discurso sobre a luta das feministas negras, "ninguém é livre até que todas sejam livres".[12]

Alcançar essa liberdade é impossível se nos mantivermos em silêncio. Silêncio é uma regra que não podemos aceitar. Percebi isso com a ajuda de uma boa amiga quando eu estava morando na Ucrânia. Como assessora do ministro das Relações Estrangeiras do país, eu trabalhava todos os dias com mulheres brilhantes que carregavam o peso das expectativas da sociedade ucraniana em relação a elas. Não só eram diplomatas e assessoras de imprensa capacitadas, mas também mães e cuidadoras. Além da pressão que sofriam em seus cargos, elas cozinhavam e limpavam a casa, organizavam as festas do escritório e outros eventos sociais no trabalho. Também se esperava que estivessem impecáveis o tempo todo. A maquiagem, o cabelo, as unhas, os sapatos (sempre de saltos altos) e as roupas delas tinham um nível de perfeição que eu só teria alcançado com uma equipe à minha disposição em tempo integral.

Além das expectativas da sociedade, o ambiente de trabalho na Ucrânia não é fácil para as mulheres. São muito poucos os exemplos femininos entre os altos escalões do governo ucraniano. Minha chefe no ministério era Mariana Betsa, a porta-voz e uma das mulheres com mais alto posto no prédio. Normalmente, nós duas éramos as únicas mulheres nas reuniões. Em um encontro polêmico, depois que os homens se cumprimentaram e apertaram as mãos uns dos outros (mas nunca as nossas, uma herança da cultura soviética), a discussão esquentou. Um assessor do ministério, o único outro ocidental na sala, que era um homem mais velho, mandou que ela se calasse, batendo na mesa. Fiquei chocada e me sentindo mal, mas como era a pessoa mais jovem dali, além de ser uma mulher estrangeira, não me senti em condições de dizer qualquer coisa.

Meses depois, o mesmo assessor e eu tivemos uma reunião com Mariana. Conforme nos preparávamos para um treinamento destinado aos assessores de imprensa que envolveria fazermos de conta que éramos jornalistas estrangeiros, ele sugeriu que eu interpretasse "uma daquelas vagabundas do *Wall Street Journal*". Mais uma vez me calei. Estava concentrada em fazer meu trabalho e encerrar a reunião, mas, depois, mencionei a frase ofensiva a um colega e amigo próximo. Só quando vi o choque e o desgosto estampados no rosto dele foi que me permiti ficar zangada. Ele me encorajou a denunciar o assessor porque esse comportamento – ainda que abstraindo o fato de eu estar assessorando um governo muito tradicional e misógino, estando engajada nele e tacitamente pactuando com algumas de suas piores práticas – era inaceitável mesmo sob as mais tolerantes interpretações.

Encaminhei uma queixa extensa pelos canais diplomáticos. O resultado – uma desculpa hipócrita dos mandachuvas envolvidos e uma constrangedora abstenção do perpetrador – não foi satisfatório do ponto de vista pessoal, mas a experiência foi uma lição importante para mim profissionalmente.

Quando estava no ensino fundamental, não tinha tido medo de bicar meu colega de primeiro grau no rosto com minha máscara de pássaro no Halloween. Ele havia me desrespeitado, e fiz com que ele soubesse disso. Até o incidente na Ucrânia, essa disposição não tinha passado para a minha vida profissional. E até eu começar a sofrer abuso de cunho sexual pela internet, aquele espírito ainda não tinha fortalecido minha presença online.

Com o tanto da vida moderna sendo vivido nas redes sociais, por e-mails, aplicativos de mensagens e videochamadas, a menos que continuemos nos protegendo, denunciando e reagindo – não só por nós mesmas, mas pelas mulheres à nossa volta que podem não desfrutar dos nossos privilégios sociais –, estaremos perdendo a última fronteira na luta pela igualdade de gênero. Como Laura Bates, a fundadora do Everyday Sexism Project [Projeto Sexismo Todo Dia], falou a Soraya Chemaly em *Rage Becomes Her*, muitas mulheres pensam que é assim que as coisas são, que isso é o que significa ser mulher, que "só tenho que lidar com isso", esse abuso constante, seja no trabalho ou na escola, seja online ou voltando a pé para casa à noite: "Só quando percebi que isso é uma experiência coletiva foi que comecei a sentir raiva".[13] Para mim, isso aconteceu quando fiquei mal por conta das minhas colegas ucranianas *e* um colega confiável validou minha indignação e senti que podia dar voz àquela raiva.

Agora que reconheço isso, me nego a ser silenciada sobre nossa experiência coletiva de assédio, abuso e desigualdade, on ou offline. Não vou abrir mão da minha voz, não somente porque me recuso de todo coração a dar ao @Prof.Dr.Explicadinho, ao @Cavalo.Detroia ou ao @Ze.Acomodado e a todos os seus amigos a satisfação de vencerem, mas porque cada uma de nós tem um papel importante a desempenhar na crescente conscientização da segurança real e virtual, ajudando nossas semelhantes a enfrentarem as adversidades, trabalhando para a mudança das políticas e construindo comunidades. Temos uma tenacidade coletiva que, quando ativada, pode contestar as normas que tantos resgataram como uma característica infeliz, mas imutável do engajamento das mulheres online.

Estou empenhada em aproveitar essa tenacidade com cada tuíte e TikTok, cada tecla digitada e em todos os cliques.

Vou continuar a investir em práticas que consomem tempo e às vezes são caras, enquanto tiver recursos, para permitir a mim e às outras falar abertamente.

Vou reconhecer que minha timeline é um reino feminino, não uma democracia, e silenciar, bloquear e denunciar tantas vezes quanto achar necessário.

Vou me familiarizar com a política das plataformas e usá-la para criar um ambiente online mais igualitário.

Vou criar um círculo de solidariedade que seja inclusivo e solidário, comprometido em amplificar as vozes de outras mulheres.

Vou procurar a ajuda de amigos, familiares, colegas e profissionais quando sentir necessidade.

Vou me manter inabalável, denunciando comportamentos, políticas e infraestruturas inaceitáveis que facilitam o assédio.

Vou fazer isso não só por mim, mas por todas as mulheres, em especial aquelas que enfrentam ameaças interseccionais.

Vou fazer isso porque a internet é um espaço público vital para debates, políticas, ativismo e expressão. Até que as mulheres – todas as mulheres, independentemente de raça, identidade sexual, religião ou capacitação – tenham igualdade de voz, não seremos iguais em nenhum lugar. Se os Estados Unidos conseguem eleger sua primeira vice-presidente e testemunham mais indicações de mulheres a cargos ministeriais e ao Congresso do que jamais ocorreu, mas essas mulheres são constantemente atacadas com epítetos sexuais, quer dizer que ainda não alcançamos a igualdade que pretendemos.

Você pode nos ajudar a conseguir isso. Talvez, mesmo antes de ler este livro, você tenha sofrido abuso e desejado saber como se proteger melhor. Talvez soubesse pouco sobre como as mulheres são visadas na internet e quisesse aprender como se tornar uma aliada melhor. De qualquer modo, continue falando abertamente. Continue reagindo. É dessa forma que, juntas, poderemos tornar a internet mais saudável e segura e ocupar o nosso lugar online.

PARA SABER MAIS

Uma lista de pesquisas e textos cruciais que estruturaram meu entendimento desse problema. Para ter ainda mais informações, veja as notas de fim deste livro.

Livros

Rage Becomes Her: The Power of Women's Anger, de Soraya Chemaly (Atria, 2018)

Hate Crimes in Cyberspace, de Danielle Citron (Harvard University Press, 2014)

Nobody's Victim: Fighting Psychos, Stalkers, Pervs, and Trolls, de Carrie Goldberg (Penguin Random House, 2019)

The Internet of Garbage, de Sarah Jeong (Vox Media, 2018)

Credible Threat: Attacks Against Women Online and the Future of Democracy, de Sarah Sobieraj (Oxford University Press, 2020)

This is Why We Can't Have Nice Things: Mapping the Relationship Between Online Trolling and Mainstream Culture, de Whitney Phillips (The MIT Press, 2016)

Artigos e documentos sobre políticas

"No Excuse for Abuse", PEN America, 2021

"Attacks and Harassment: The Impact on Female Journalists and Their Reporting", International Women's Media Foundation, 2018

"Bringing Women, Peace and Security Online: Mainstreaming Gender in Responses to Online Extremism", Alexis Heneshaw, Global Network on Extremism and Technology, 2021

"Online Violence Against Women Journalists: A Global Snapshot of Incidence and Impacts", Julie Posetti *et al.*, UNESCO, 2021

"Free to Be Online? A Report on Girls' and Young Women's Experiences of Online Harassment", Plan International, 2020

"Engendering Hate: The Contours of State-Aligned Gendered Disinformation Online", NDI and Demos, 2021

FERRAMENTAS

Os recursos a seguir são apresentados como recomendações para quem está à procura de meios para se defender e de apoio, não constituindo necessariamente endosso a produtos e serviços específicos, mas estas indicações são feitas com a intenção de ajudá-la em sua jornada para falar abertamente e reagir.

Navegação em políticas de plataformas

Quando eu estava trabalhando em um assédio envolvendo gênero e desinformação no Wilson Center, uma das minhas brilhantes estagiárias, Zoë Kaufman, montou um quadro das políticas das plataformas de redes sociais em relação à violência, ao assédio, ao assédio direcionado e ao abuso coordenado. Presente no final do nosso relatório "Malign Creativity" [Criatividade Maligna], ele serve como balcão único para aprender mais sobre como as políticas das plataformas informam suas respostas ao abuso que você sofreu. Usá-lo vai ajudá-la a tramitar com mais facilidade o processo de denúncia. Ver em: https://bit.ly/3dx7XfW.

Assinaturas antidoxing

Como foi dito no Capítulo 1, os serviços antidoxing removem todas as suas informações pessoais – como endereço, número de telefone e outros dados importantes – dos sites agregadores. A seguir, os serviços que muitas colegas usam.

- DeleteMe by Abine: joindeleteme.com
- ReputationDefender: reputationdefender.com

Catalogação de evidências

Se estiver procurando por uma forma simples de capturar e armazenar as imagens dos abusos contra você ou sua pesquisa que indicam quem cometeu esses abusos, os serviços a seguir oferecem maneiras de salvar esses dados. O Page Vault é aceito nos tribunais.

- Hunchly: hunch.ly
- Page Vault: page-vault.com

Autenticação de dois fatores (2FA)

Usar 2FA é uma necessidade para proteger suas contas. Você pode fazer isso por meio de apps no celular como os citados a seguir. Para uma chave física de segurança, tente Yubikey.

- Duo Mobile: duo.com/product/multi-factor-authenticationmfa/duo-mobile-app
- LastPass Authenticator: lastpass.com/auth/
- Authy: authy.com
- Google Authenticator: pesquise na loja de aplicativos do seu celular
- Microsoft Authenticator: microsoft.com/en-us/account/authenticator

Redes Virtuais Privadas (VPNs)

Garanta que seu tráfego na internet não possa ser visto por ninguém espionando você.

- ExpressVPN: expressvpn.com
- Surfshark: surfshark.com
- NordVPN: nordvpn.com
- ProtonVPN: protonvpn.com
- IPVanish: ipavanish.com
- TunnelBear: tunnelbear.com

Mensageiros criptografados e serviços de e-mail

Garanta que somente o seu destinatário leia as mensagens que você lhe enviou.

- Signal (mensageiro criptografado privado): signal.org
- ProtonMail (serviço de e-mail criptografado): protonmail.com

Gerenciadores de senhas

Eles mantêm suas senhas complexas e seguras. É melhor não usar os gerenciadores de senha originais do seu navegador de internet ou autenticação única em suas contas no Google, no Facebook ou na Amazon, já que um agressor que tenha acesso a uma de suas contas guarda-chuva poderá, então, ter acesso a todas as contas ligadas àquele serviço. HaveIBeenPwned.com e HaveIBeenZucked.com oferecem banco de dados das mais recentes invasões (assim como vazamento de dados no Facebook), de modo que você possa verificar a relativa segurança de suas contas e mudar suas senhas se for preciso. Alguns gerenciadores de senhas confiáveis estão incluídos na lista a seguir.

Ler blogs de tecnologia para comparar os serviços e verificar como os especialistas os classificam é sempre útil antes de se comprometer com um único serviço.

- LastPass: lastpass.com
- 1Password: 1password.com
- Bitwarden: bitwarden.com
- Dashlane: dashlane.com

Rede social e gestão de trolagem

Se quiser ajuda para lidar com trolls e abusadores, a Block Party pode fazer isso. Por enquanto, o serviço só está disponível para o Twitter, mas pretende expandir-se no futuro. Você pode se inscrever na lista de espera para assistência grátis ou pagar 8 dólares pelo acesso instantâneo em blockpartyapp.com.

Redes de apoio

Esta não é uma lista completa das organizações voltadas para o abuso online, embora estas sejam algumas das apoiadoras que eu mesma consultei.

- **The Online Violence Response Hub** [Centro de Resposta à Violência Online] (onlineviolenceresponsehub.org): criado pela International Women's Media Foundation e pela The Coalition For Women In Journalism [Coalizão para Mulheres no Jornalismo], "é um centro de apoio sólido, onde mulheres jornalistas – e salas de redação – podem encontrar pesquisas atualizadas, ajuda de emergência e recomendações fáceis de seguir para sua situação específica".

- **Crash Override Network** (crashoverridenetwork.com): um grupo especializado em advocacia e centro de apoio para quem passa por abuso online, liderado por Zoë Quinn, que foi um dos alvos do Gamergate.
- **Glitch UK** (glitchcharity.co.uk): uma organização beneficente do Reino Unido que faz campanhas, treina e advoga para "tornar a internet um lugar mais seguro para todos".

No Brasil

Quem foi ou está sendo vítima de algum tipo de violência de gênero tem direito a informações e atendimento nos órgãos públicos de saúde, segurança pública e justiça, em especial nos serviços especializados no atendimento a mulheres, como o Ligue 180 (Central de Atendimento à Mulher em Situação de Violência) e o Disque 100 (Disque Direitos Humanos). As denúncias também podem ser feitas em delegacias comuns, delegacias eletrônicas, Delegacias Especializadas de Atendimento à Mulher (DEAMs) e Delegacias de Defesa da Mulher (DDMs).

Há dispositivos legais que podem amparar as queixas, como a Lei Maria da Penha (Lei n.º 11.340/2006), a Lei Carolina Dieckmann (Lei n.º 12.737/2012), a Lei de Stalking (Lei n.º 14.132/2021), o Código Penal e o Estatuto da Criança e do Adolescente. Nas Defensorias Públicas e Defensorias Especializadas na Defesa dos Direitos das Mulheres, a vítima de violência de gênero que não tenha condições de contratar advogados pode obter assistência jurídica. Um apoio mais amplo, como acolhimento e apoio psicossocial, é oferecido na Casa da Mulher Brasileira, com unidades em Campo Grande (MS), São

Luís (MA), Fortaleza (CE), Curitiba (PR), Boa Vista (RR) e São Paulo (SP).

Diversas iniciativas da sociedade civil dão suporte às vítimas e cobrar providências do Estado. Entre elas, a SaferNet Brasil (safernet.org.br), o projeto Justiceiras (justiceiras.org.br) e o Mapa do Acolhimento (mapadoacolhimento.org). Outras informações podem ser obtidas no site da Agência Patrícia Galvão (agenciapatriciagalvao.org.br) e do Projeto Geledés (geledes.org.br).

AGRADECIMENTOS

Eu não imaginava que começaria outro livro menos de um ano depois de publicar o primeiro. Quando amigos e colegas bem-intencionados me perguntavam se tinha planos para um segundo livro, eu lhes respondia, brincando, "Isso é uma ameaça?", mas escrever este livro – apesar da temática pesada – foi uma alegria. Ter sofrido abuso online e ter mergulhado nos fatos de uma ocorrência que tantas mulheres enfrentam caladas ajudou a me orientar em direção à mudança. Sei que – como as mulheres que lutaram no movimento pelo sufrágio feminino e no movimento de liberação feminina e em todas as duras batalhas que vencemos ao longo dos séculos – podemos alterar as normas que governam atualmente a forma como as mulheres são tratadas online. Creio que este livro poderá desempenhar um pequeno papel nesse processo.

Sou imensamente grata a todas as mulheres que dividiram suas histórias comigo. Neste livro, você conheceu: Van Badham, Brittan Heller, Leta Hong Fincher, Talia Lavin, Shireen Mitchell, Cindy Otis, Nicole Perlroth e Brianna

Wu. Elas são guerreiras, e me sinto muito grata por estar nas trincheiras com elas, por tê-las na minha vida e por aprender com elas. Às jovens mulheres e especialistas que participaram de grupos focais online que contribuíram para informar meu modo de pensar e minha pesquisa, obrigada por compartilharem seu tempo e sua experiência. E para a minha incrível equipe do projeto "Malign Creativity" do Wilson Center – Jillian Hunchak, Celia Davies, Alexa Pavliuc, Shannon Pierson, Zoë Kaufmann, Micah Clark e Clyde Seto –, cujo trabalho obstinado e incisivo foi a base do relatório de referência que inspirou este livro: obrigada pelas impactantes e incrivelmente importantes contribuições que deram para as discussões internacionais sobre abuso envolvendo gênero e desinformação.

Às minhas primeiras leitoras, Ryan Beiermeister e Courtney Callejas, obrigada por garantirem que eu não passasse vergonha com este texto e por seu incentivo ao me assegurarem que este livro as ajudou e poderia ajudar outras mulheres.

Ao meu editor na Bloomsbury, Tomasz Hoskins, que lançou esta ideia e encorajou sua viabilização: que prazer enorme é saber que tenho um amigo fiel e colegas como você ao meu lado. Obrigada.

A Pete Kiehart, por me incentivar a me arriscar e estar sempre por perto para discutir crises existenciais, além de suas mais do que excelentes fotografias.

A Holly Donaldson, Alexa Pavliuc, Sabra Ayres, Emily Rodriguez, Cindy Otis, Courtney Callejas, Emily Malina, Rae Jean Stokes, Melissa Hooper, the Grotto e outras mulheres fortes que me mantiveram de pé – um trabalho nada fácil durante uma pandemia, quando o contato físico é limitado –; não sei se teria conseguido passar por este ano sem vocês.

À minha mãe, a primeira mulher forte na minha vida. Tenho muita sorte por ter tido você e papai para me ensinar a me afirmar e por continuar a contar com seu apoio e encorajamento.

Ao meu marido, Mike, que teve de aguentar a concretização de dois livros – e os transes que acompanham o processo – em dois anos: você é um santo. Obrigada por seu amor e apoio incondicionais, e por limpar a caixa de Baxter e por sair para passear com Jake quando estou desabada no sofá. Eu te amo.

NOTAS

Introdução

[1] Danielle Citron, *Hate Crimes in Cyberspace*. Cambridge: Harvard University Press, 2014. p. 74-80.

[2] Sarah Jeong, *The Internet of Garbage*. *The Verge*/Vox Media, Inc., version 1.5, 2018. p. 19. Disponível em: https://bit.ly/3eW9T1N.

[3] Cécile Guerin e Eisha Maharasingam-Shah, "Public Figures, Public Rage: Candidate Abuse on Social Media", The Institute for Strategic Dialogue, 2020, p. 3-4. Disponível em: https://bit.ly/3f-12zC1.

[4] Julie Posetti *et al.*, "Online Violence Against Women Journalists: a Global Snapshot of Incidence and Impacts", UNESCO, 2021, p. 2. Disponível em: https://bit.ly/3S4BXPa.

[5] Nina Jankowicz *et al.*, "Malign Creativity: How Gender, Sex, and Lies are Weaponized Against Women Online", The Wilson Center, 25 jan. 2021, p. 1. Disponível em: https://bit.ly/3dx7XfW.

[6] Michelle P. Ferrier, "Attacks and Harassment: The Impact on Female Journalists and Their Reporting", The International Women's Media Foundation, 2018, p. 7. Disponível em: https://bit.ly/3dx-Hy1E.

[7] Kristen Zeiter *et al.*, "Tweets that Chill: Analyzing Online Violence Against Women in Politics", The National Democratic Institute, 14 jun. 2019, p. 19-20. Disponível em: https://bit.ly/3dzs-6Sz.

[8] Helen Lewis, "'You Should Have Your Tongue Ripped Out': The Reality of Sexist Abuse Online", *The New Statesman*, 3 nov. 2011. Disponível em: https://bit.ly/3Si36i1.

[9] Jankowicz *et al.,* "Malign Creativity", p. 41.

[10] Grupo focal da autora com universitários, virtual, 23 jun. 2021.

[11] Sharon Gould *et al.*, "Free to Be Online? A report on girls' and young women's experiences of online harassment", Plan International, 2020, p. 16. Disponível em: bit.ly/3BVHfXQ.

[12] *Ibidem*, p. 31.

[13] *Ibidem*.

1. Segurança: Como se proteger online

[1] Entrevista da autora com Cindy Otis, virtual, 24 jun. 2021.

[2] Ryan Grenoble, "Rep. Mo Brooks Responds To Lawsuit By Accidentally Sharing Email Password", *The Huffington Post*, 7 jun. 2021. Disponível em: https://bit.ly/3C7KWdb.

[3] Brian Barrett, "Sorry, But Your Browser Password Manager Probably Isn't Enough", WIRED, 30 ag. 2016. Disponível em: https://bit.ly/3fctRFW.

[4] Jason Koebler, "Basic Digital Security Could Have Prevented One of the Biggest Political Scandals in American History", Vice, 13 jul. 2018. Disponível em: https://bit.ly/3DYJs6n.

[5] "What is a VPN?: 2021 Guide", TunnelBear, 2021. Disponível em: https://bit.ly/3DCIyfw.

[6] Rae Hodge e David Gewirtz, "Best VPN service of 2021", CNET, 29 jun. 2021. Disponível em: https://cnet.co/3BXdgP1.

[7] *Ibidem*.

[8] Edith Ramirez *et al.*, "Data Brokers: a Call for Transparency and Accountability", US Federal Trade Commission, maio 2014, p. B-3-B-6. Disponível em: https://bit.ly/3BVyjle.

[9] Bruce Schneier, "Doxing as an Attack", Schneier on Security, 2 jan. 2015. Disponível em: https://bit.ly/3DLEmKm.

[10] Jeong, *The Internet of Garbage*, p. 26.

[11] *Ibidem*, p. 28.

[12] Lyz Lenz, "When the Mob Comes: An interview with author Talia Lavin about online harassment and what you can do about it", *Men Yell at Me*, 31 mar. 2021. Disponível em: https://bit.ly/3LuzdIx.

[13] "How To Protect Your Data And Remove Personal Information

From The Internet For Free." Disponível em: https://bit.ly/3 BYb1uX.

2. Adversidade: Como enfrentar os trolls

[1] Disponível em: https://bit.ly/3BBJv4T.

[2] Disponível em: https://bit.ly/3BAorvD.

[3] Entrevista da autora com Nicole Perlroth, virtual, 21 out. 2020.

[4] Entrevista da autora com Nicole Perlroth, telefone, 15 jun. 2021.

[5] Disponível em: https://bit.ly/3LvEAqO.

[6] Entrevista da autora com Van Badham, virtual, 30 jun. 2021.

[7] "Family, domestic and sexual violence in Australia, 2018", Australian Institute of Health and Welfare. Disponível em: bit.ly/3UqAg0e.

[8] "#MyOvariesMadeMe: Van Badham retort trends after heated exchange with Steve Price on Q&A", *News*, 12 jul. 2016. Disponível em: https://ab.co/3dwi30x.

[9] Soraya Chemaly, *Rage Becomes Her: the Power of Women's Anger*. Nova York: Atria, 2018. p. 215.

[10] *Ibidem*, p. 161-162.

[11] Van Badham, "Twitter, the Barbarian Country, or How I Learned to Love the Block Button", *The Guardian*, 30 jan. 2019. Disponível em: https://bit.ly/3Sp9aoy.

[12] Chemaly, *Rage Becomes Her*, p. 151.

[13] *Ibidem*, p. 178.

[14] Badham, "Twitter, the Barbarian Country".

[15] Anna Kramer, "What Tracy Chou Learned About Online Harassment While Building an App to Solve It", *Protocol*, 26 jan. 2021. Disponível em: https://bit.ly/3Lw8lrv.

3. Política: Faça isso funcionar para você

[1] Brianna Wu, "I'm Risking My Life Standing Up To Gamergate", *Bustle*, 11 fev. 2015. Disponível em: https://bit.ly/3LAsugm.

[2] Charlie Warzel, "How an Online Mob Created a Playbook for a Culture War", *The New York Times*, 15 ag. 2019. Disponível em: https://nyti.ms/3LtNa9H.

[3] Jim Franklin, "A Difficult Situation", SendGrid, 21 mar. 2013. Disponível em: https://bit.ly/3DJeejk.

[4] Entrevista da autora com Brianna Wu, virtual, 18 jun. 2021.

[5] Brianna Wu, "I Wish I Could Tell You It's Gotten Better. It Hasn't", *The New York Times*, 15 ag. 2019. Disponível em: https://nyti.ms/3f1HrM1.

[6] Steve LeBlanc, "Once the Target of Online Threats, Gaming Engineer Plans Run for Congress", *PBS NewsHour*, 23 dez. 2016. Disponível em: https://to.pbs.org/3S3zLHE.

[7] Entrevista da autora com Leta Hong Fincher, telefone, 23 out. 2020.

[8] Adaptado de Jankowicz *et al.*, "Malign Creativity".

[9] Disponível em: https://bit.ly/3xGDAux.

[10] Sarah Sobieraj, *Credible Threat: Attacks Against Women Online and the Future of Democracy*. Oxford: Oxford University Press, 2020. p. 110.

[11] "Facebook, Google, TikTok and Twitter Make Unprecedented Commitments to Tackle the Abuse of Women on Their Platforms", The World Wide Web Foundation, 1 jul. 2021. Disponível em: https://bit.ly/3UvyYkH.

[12] Disponível em: https://bit.ly/3S4kk1Y.

[13] "About Replies and Mentions", Twitter. Disponível em: https://bit.ly/3dtgnFh.

[14] Jarrod Doherty, "Introducing Safety Mode", Twitter, 1 set. 2021. Disponível em: https://bit.ly/3BvqjpH.

[15] Disponível em: https://bit.ly/3SknP41.

[16] Disponível em: https://bit.ly/3UsWDC1.

[17] Disponível em: https://bit.ly/3RgHWzv.

[18] "#Gamergate Leads to Death Threats Against Women in the Gaming Industry", *PBS NewsHour*, 16 out. 2014. Disponível em: https://to.pbs.org/3qXhd04.

[19] "China: CFWIJ Stands with Journalist Leta Hong Fincher Who Has Been the Target of Misogynist Trolling", The Coalition for Women in Journalism, 20 jul. 2020. Disponível em: https://bit.ly/3SqJ9Fj.

[20] Carrie Goldberg e Jeannine Amber, *Nobody's Victim: Fighting Psychos, Stalkers, Pervs, and Trolls.* Nova York: Plume, 2019. p. 144.

[21] Jason Fagone, "The Serial Swatter", *The New York Times Magazine,* 24 nov. 2015. Disponível em: https://nyti.ms/3DJgBCK.

[22] Jaclyn Friedman, Anita Sarkeesian e Renee Bracy Sherman, "Speak Up & Stay Safe(r): A Guide to Protecting Yourself from Online Harassment", Feminist Frequency, 2015. Disponível em: https://bit.ly/3SkwZ0G.

[23] Citron, *Hate Crimes in Cyberspace*, p. 83.

[24] *Ibidem*, p. 253.

4. Comunidade: Cultive um círculo de solidariedade

[1] Amanda Hess, "Why Women Aren't Welcome on the Internet", *Pacific Standard*, publicada em 6 jan. 2014, atualizada em 14 jun. 2017. Disponível em: https://bit.ly/3R3AMhL.

[2] Entrevista da autora com Talia Lavin, virtual, 25 jul. 2021.

[3] "Distribution of Twitter Users Worldwide as of April 2021, by Gender", Statista, 2021. Disponível em: https://bit.ly/3DGW-G7k.

[4] Michael Barthel *et al.*, "Reddit News Users More Likely to be Male, Young and Digital in their News Preferences", Pew Research Center, 25 fev. 2016. Disponível em: https://pewrsr.ch/3UuMqVE.

[5] Chemaly, *Rage Becomes Her*, p. 157.

[6] Disponível em: www.autoadmit.com.

[7] Ellen Nakashima, "Harsh Words Die Hard on the Web", *The Washington Post*, 7 mar. 2007. Disponível em: https://wapo.st/3DI9zyf.

[8] Elizabeth Wurtzel, "Trash Talk", *The Wall Street Journal*, 19 mar. 2007. Disponível em: https://bit.ly/3Lv4CdQ.

[9] Ian Sherr, "How to Scrub Hate off Facebook, Twitter and the Internet", CNET, 27 nov. 2017. Disponível em: https://cnet.co/3r-27VzD.

[10] Entrevista da autora com Brittan Heller, virtual, 1 jul. 2021.

[11] Kelsey McKinney, Twitter, 2 abr. 2021. Disponível em: https://bit.ly/3qThHUX.

[12] Chemaly, *Rage Becomes Her*, p. 271.

5. Tenacidade: Fale abertamente e reaja

[1] Sheera Frenkel e Cecilia Kang, *An Ugly Truth*. Nova York: Harper Collins, 2021. p. 8.

[2] *Ibidem*, p. 6.

[3] Francesa Tripodi, "Ms. Categorized: Gender, Notability, and Inequality on Wikipedia", *New Media & Society*, jun. 2021, p. 1. Disponível em: https://bit.ly/3BBC9OU.

[4] *Ibidem*.

[5] *Ibidem*.

[6] Nitasha Tiku, "Google Hired Timnit Gebru to be an Outspoken Critic of Unethical AI. Then She was Fired for It", *The Washington Post*, 23 dez. 2020. Disponível em: https://wapo.st/3qU2NgX.

[7] Zoe Schiffer, "Timnit Gebru was Fired from Google – Then the Harassers Arrived", *The Verge*, 5 mar. 2021. Disponível em: https://bit.ly/3ByBPAz.

[8] Katy Steinmetz, "She Coined the Term 'Intersectionality' Over 30 Years Ago. Here's What It Means to Her Today", *Time*, 20 fev. 2020. Disponível em: https://bit.ly/3C0jMF2.

[9] "Intersectional Feminism: What It Means and Why it Matters Right Now", UN Women, 1 jul. 2020. Disponível em: https://bit.ly/3Sq-C9IB.

[10] Grupo focal do Wilson Center com Shireen Mitchell *et al.*, virtual, 13 nov. 2020.

[11] Jankowicz *et al.*, "Malign Creativity", p. 5; 42.

[12] Maegan Parker Brooks e Davis W. Houck, *The Speeches of Fannie Lou Hamer: To Tell It Like It Is*. Jackson: University Press of Mississippi, 2011. p. 134-139.

[13] Chemaly, *Rage Becomes Her*, p. 151.

Este livro foi composto com tipografia adobe Adobe Garamond Pro
e impresso em papel Off-white 80 g/m² na Formato Artes Gráficas.